AF338617

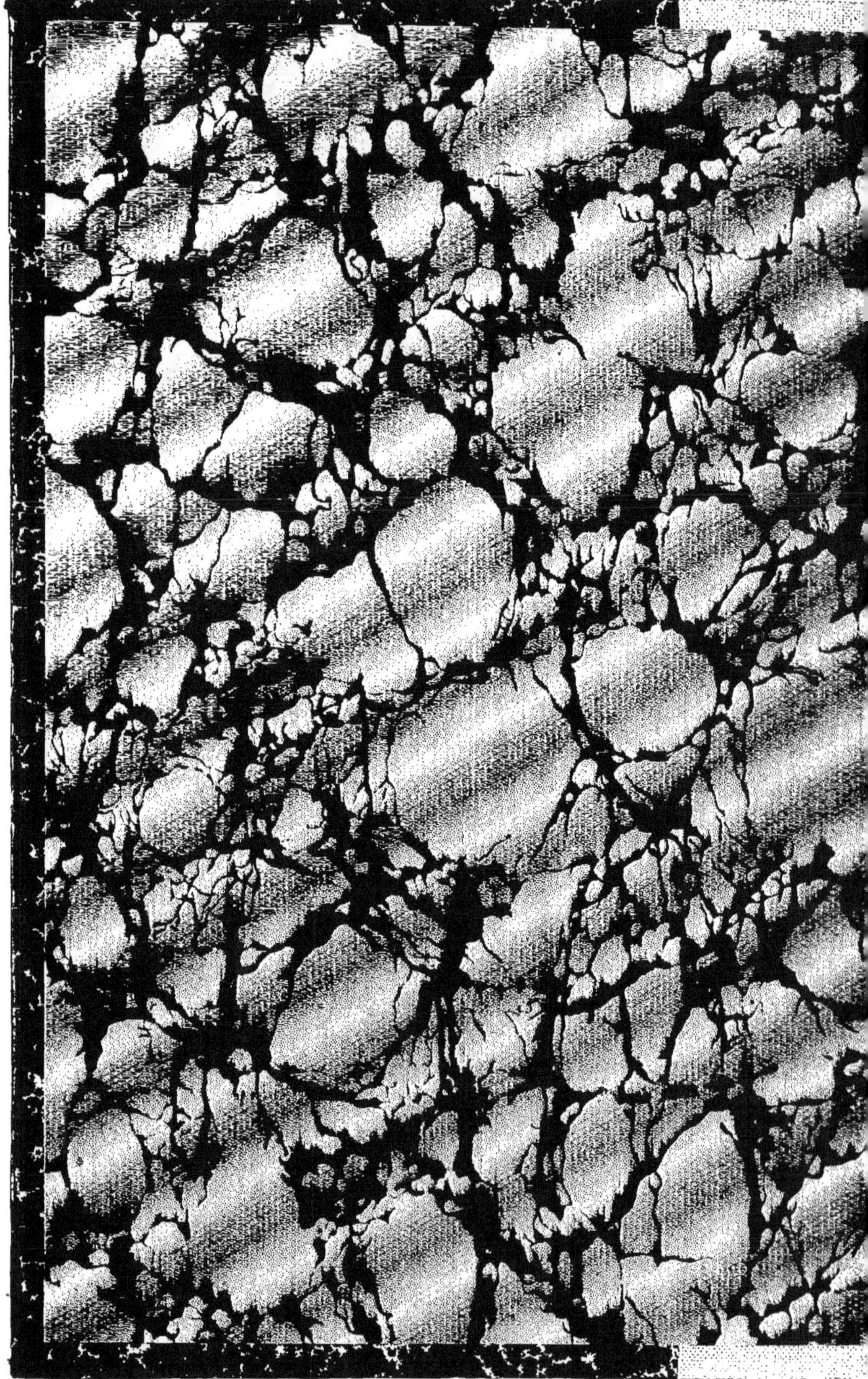

SOUVENIRS

ET

PORTRAITS

LYON

IMPRIMERIE ALF. LOUIS PERRIN

Rue d'Amboise, 6

1882

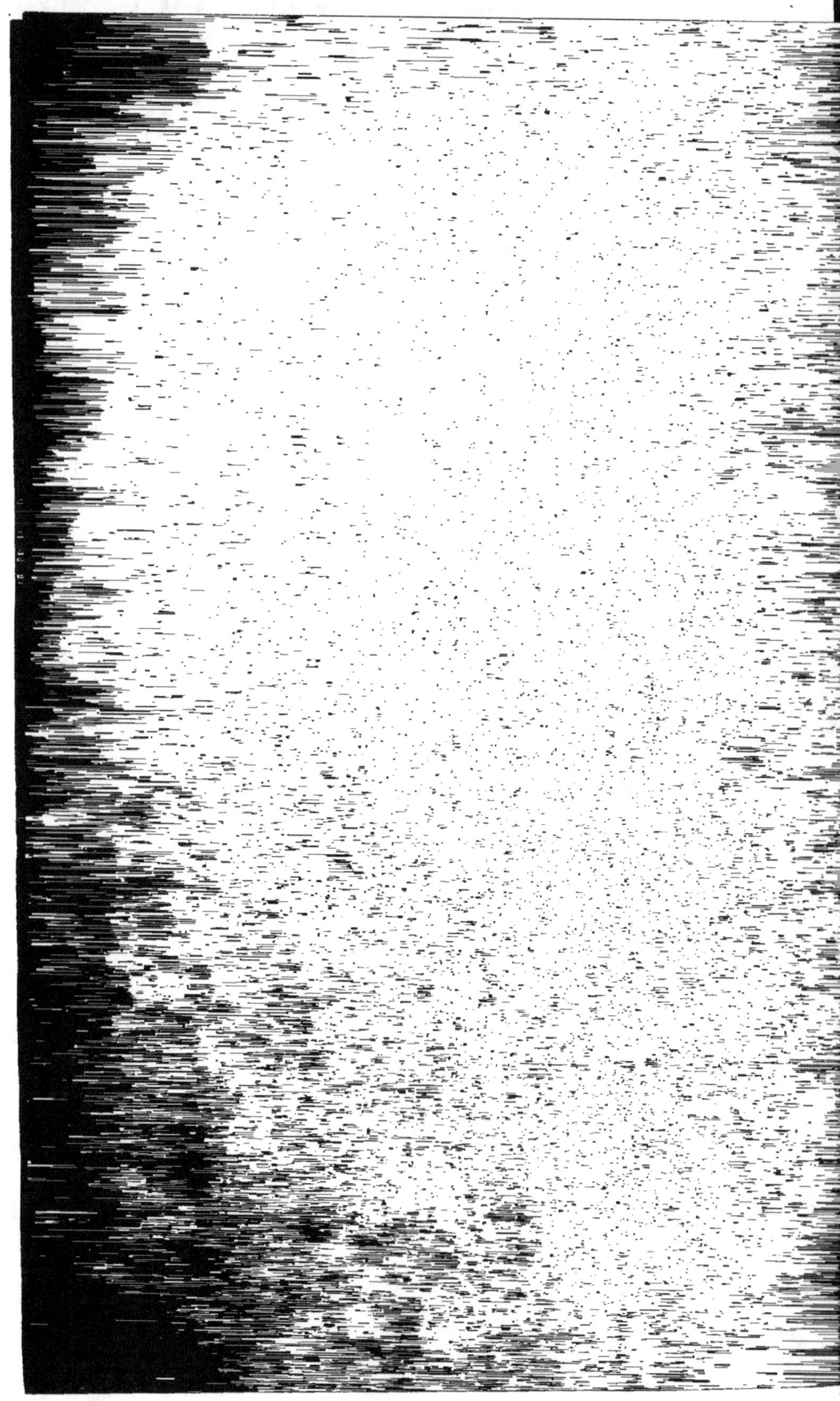

SOUVENIRS ET PORTRAITS

HENRY AUGUSTE BRÖLEMANN
1775 † 1854

HENRY-AUGUSTE BRÖLEMANN

SOUVENIRS

ET

PORTRAITS

LYON

IMPRIMERIE ALF. LOUIS PERRIN

Rue d'Amboise, 6

1882

AVANT-PROPOS

A MES NEVEUX

EN publiant ce recueil de compositions, choisies parmi les papiers que m'a légués mon grand-père, j'ai eu surtout pour but de vous faire connaître une des figures les plus intéressantes de notre famille.

Né à Lyon, le 15 septembre 1775, Henry-Auguste Brölemann avait été brillamment doué par la nature. Une taille au-dessus de la moyenne, des yeux gris-bleu, vifs et perçants, une épaisse chevelure blonde, naturellement frisée autour d'un large front, de l'aisance dans la démarche et les manières, tout en lui impressionnait agréablement. A ces avantages extérieurs, se joignait une imagination pleine de verve et d'originalité, passionnée pour les arts, ouverte à tous les sentiments délicats, et un grand fonds de droiture. Comme tous les hommes de sa génération, il fut, de bonne heure, soumis à de rudes épreuves. Au moment où son éducation se terminait, le siège de Lyon ruinait son père et dispersait sa famille. Il fallut aller demander sa subsistance quotidienne au travail dans les pays étrangers ; puis lorsque l'apaisement se fit dans les esprits, rétablir laborieusement sa situation dans la mère patrie. H.-Aug. Brölemann ne fut point au-dessous de cette tâche. Il s'y consacra exclusivement jusqu'en 1815. Distingué, sous la Restauration, par ses concitoyens, on le vit, alors, appelé à faire partie du Conseil municipal et de la Chambre de commerce de Lyon, puis du Conseil général du Rhône. Ayant peu d'ambition, il fuyait plutôt qu'il ne recherchait les honneurs. Son passage aux affaires ne fut cependant pas sans utile influence. Les archives municipales doivent en porter la trace.

« J'ai grandement contribué, nous racontait-il parfois, à empêcher la ville de Lyon de vendre, pour la somme dérisoire de trois cent mille francs, les terrains qu'elle possédait à Perrache, et qui ont, depuis lors, fait entrer des millions dans ses caisses. »

Bien rares sont les caractères, qui conservent assez d'indépendance et de fermeté pour ne pas encenser les puissants du jour. Il est si commode, en flattant leurs passions, de se placer sous le vent qui souffle la faveur et d'en tirer profit pour soi-même! Ce reproche ne peut atteindre votre aïeul. Toujours fidèle à ses convictions, il savait les défendre énergiquement et ne les sacrifia jamais à des calculs intéressés.

En octobre 1826, une catastrophe inattendue vint douloureusement frapper son cœur paternel. Mariée depuis l'année précédente à M. Arthur de Cazenove, sa fille Elfride mourut en couches. Ce fut la première atteinte portée à son bonheur domestique, atteinte d'autant plus funeste, que la santé de ma grand'mère commençait aussi à s'altérer et reçut de cette émotion un choc dont elle ne se releva jamais complètement. Des séjours, en hiver dans le Midi, en été dans les stations thermales, devinrent alors nécessaires pour soulager cet état maladif; ils se conciliaient mal avec les fonctions publiques. Mon grand-père le comprit. Trouvant d'ailleurs, après 1830, qu'à de nouveaux faits il fallait des hommes nouveaux, il se refusa depuis cette époque à accepter aucun autre mandat de ses concitoyens. Les soins dévoués qu'il donnait à la compagne de sa vie, ne lui épargnèrent cependant pas la douleur de la voir succomber.

X

Elle s'éteignit le 17 Juillet 1837, emportant tous les regrets que laisse après elle une personne connue par l'affabilité de son esprit et la bonté de son cœur. Depuis cette époque, sa maison, fermée à toute réception, ne s'ouvrit plus que pour les parents les plus proches. L'ange gardien du foyer avait disparu; l'époux devenu solitaire, demanda des consolations à de nombreux voyages, à sa plume spirituelle et féconde, à la musique, enfin à la recherche des manuscrits et des objets d'art anciens. C'est aux acquisitions qui en sont résultées, que je dois les collections intéressantes que vous pouvez voir chez moi aujourd'hui. Pieusement conservées par mon père, qui a bien voulu me les léguer à son tour, elles révèlent un véritable sentiment artistique, pressentant par intuition la faveur qui devait bientôt s'attacher à tous ces vestiges des siècles passés.

Puis sonna l'heure de la vieillesse et des infirmités. Le corps fut brisé par la souffrance, mais l'esprit restait intact, s'occupant des grands problèmes sociaux, libéral avec prudence, religieux sans superstition, regardant la mort en face, causant jusqu'au dernier jour, avec un pasteur ami, son confident spirituel, des destinées inconnues qu'elle nous réserve.

Le 29 novembre 1854, à dix heures du matin,

cette existence si bien remplie atteignit son terme.

Plus heureuse que la sienne, votre jeunesse n'a point passé par les mêmes épreuves; la vie, jusqu'à présent s'est montrée facile pour vous. Mais, par les temps que nous traversons, qui peut être sûr du lendemain? Pour marquer sa place dans la société actuelle, il devient chaque jour plus nécessaire de mettre soi-même la main à l'œuvre et de ne compter que sur ses propres forces. En vous pénétrant des exemples de labeur, d'énergie, de persévérance, laissés par vos devanciers, vous serez mieux armés pour cette grande lutte de la vie à laquelle nul ne peut se soustraire maintenant.

A.-A. BRÖLEMANN.

Choisi, près Rolle (Suisse), avril 1882.

LA MAISON DES TANTES.

R OBINSON, jeté par la tempête sur une île déserte, a laissé une minutieuse et bien intéressante description de cette fatale épreuve due à sa désobéissance pour ses tendres parents. Moi, toujours soumis à la volonté des miens, je n'eus jamais l'idée de m'embarquer. Pour assouplir mon caractère et travailler à la culture de mes facultés enfantines, on pensa toutefois, lorsque

1

j'eus atteint l'âge de 8 à 9 ans, qu'il ne convenait pas de me laisser plus longtemps, dans la belle saison, traîner sur le sable d'un petit jardin, voler des fraises, jeter des pierres à d'innocents moineaux, faire une balançoire de chaque charrette, m'y percher à côté de petites villageoises et jouer à la tappe avec elles. Ma mère dut se dire : ramper par terre, salit les vêtements ; marauder, gâte l'estomac et la santé ; casser les pattes aux oiseaux, rend cruel ; grimper sur des tombereaux et des cerisiers, met en péril les jambes de cet étourdi ; jouer à la cachette avec tous ces petits corsets fera trop vite grandir son imagination. Peut-être, si j'eusse été catholique, les bons frères de la Doctrine chrétienne m'eussent-ils abrité de leur robe noire ; mais j'appartenais à ces familles que l'on considérait à cette époque, en France, comme empestées du souffle de Calvin, et, faute de pouvoir me confier à des ecclésiastiques, on songea pour moi à un autre séminaire. Ma mère avait cinq tantes et deux sœurs, représentant pour moi sept Providences. Ce fut dans ce tendre chapitre que ma polissonnerie fut confinée. Elle devait s'amortir dans un appartement étroit, surabondamment pourvu, je ne dirai pas d'Argus aux yeux sévères, car il me souvient que, malgré leur sérieux emprunté, leurs sourcils froncés, mes grandes et moyennes tantes étaient toutes singulièrement portées à tremper leur discipline dans de larges pots de confitures. — Quant à mon oisiveté, on allait y mettre un terme en me plaçant sous la férule d'un précepteur, d'un raide précepteur d'origine alsacienne, qui n'inclinait pas à entendre raillerie et qui ne l'entendit jamais, sans jamais non plus arriver à faire de moi, même un demi-savant. J'avais la mémoire et l'esprit réfractaires, mais le cœur d'une sensibilité profonde, et tout mon être était tellement impressionnable, que le toit de mes tantes pesait parfois sur moi, comme les plombs de Venise ; état d'angoisse indéfinissable qui toujours, à toutes les époques et dans toutes les conditions de mon existence, eut des phases de redoublement. Les médecins homœopathes pourront l'imputer à la *psora* (1) ; j'y consens, pour revenir plus tôt à mon nouveau bercail pendant les mois d'été, à cette maison de mes sept tantes, modestement placée dans la rue Lanterne, à Lyon.

(1) A l'époque où ces lignes furent écrites, les doctrines de Hahnemann venaient d'être introduites en France, et en particulier à Lyon. Certains docteurs homœopathes attribuaient volontiers toutes les maladies et même les impressions nerveuses au développement d'un principe morbide qu'ils appelaient *psora*.

4

Je les vois encore ces vénérables parentes :
La tante Magdeleine ;
La tante Marion ;
La tante Suzette ;
La tante Marianne, la grande ;
La tante Annette ;
La tante Marianne, la jeune ;
La tante Baby.

Les cinq premières, demoiselles Mayer, originaires du canton de Saint-Gall en Suisse ; les deux dernières, leurs nièces, sœurs de ma mère Georgette Belz.

Ma grand'tante Magdeleine, dite l'aînée, était une sainte fille, courte et passablement forte de taille, rôdant sans bruit, un gros livres de prières ou de psaumes couvert de cuir noir à fermoirs en cuivre sous le bras, poussant des soupirs extatiques, proférant de pieux monosyllabes en allemand, levant les yeux à demi-fermés au ciel, et noyant tous ses penchants mondains, s'il lui en restait encore, dans de profonds cornets de faïence remplis de thé. C'est en se saturant de cette liqueur de la Chine que, pauvre myope, ne sortant jamais et marchant à tâtons dans une chambre obscure donnant sur une cour de quelques pieds carrés, elle laissait s'écouler les jours, un pied levé pour entrer au Ciel. Arrivait-il qu'elle se joignît à ses sœurs, ses doigts amaigris cardaient du coton sur une feuille de carton placée sur ses genoux. Rarement on pouvait lui arracher une parole. La fâcher, impossible.

Ma tante Marion, la plus sentencieuse, avait dit-on, été fort jolie. Elle était grande, abritant un bel et large embonpoint sous un casaquin à falbalas brodés qui tombait jusqu'aux genoux, coiffée et agglutinée de pommade et de poudre, portant petit bonnet avec un chignon rigoureusement retroussé. Sa figure, je ne me la remémorie plus qu'à travers un brouillard, mais de ses conseils, de ses admonestations tendres et pathétiques, il m'en souvient, il m'en souviendra toujours. Lorsque je la quittais, j'étais dans cette disposition de cœur et d'esprit que je suppose à mes semblables rassemblés le dimanche, encore émus, sous le porche d'une église, dispositions qui, hélas, ne s'affaiblissent que trop à mesure que l'on descend les marches du temple.

La tante Suzette avait jadis fréquenté bonne et noble compagnie. Chaque année, vêtue d'une robe vert d'eau ou fleur de pêcher, et le jour où le temps lui paraissait d'une fixité incontestable, on la voyait, un parasol à la main, s'acheminer d'un pas grave et mesuré vers les tilleuls de Bellecour, pour dîner chez une sienne cousine, Mlle Kromm, demeurant sur cette promenade. La tante Suzette, petite, osseuse, la bouche pincée, le nez effilé, les yeux gris et le teint tant soit peu brouillé, tenait, par tradition de bonnes manières, la tête légèrement renversée et la balançait noblement comme une pagode japonaise. Dans sa conversation, elle se targuait volontiers de relations aristocratiques et pesait sur les *de*... Rien de plus galant que les descriptions qu'elle faisait de ses visites, de ses séjours à la campagne chez messieurs *de* Chambost, au château du Mont-d'Or, de l'accueil courtois qu'elle y recevait, de ces mains empressées à lui présenter la bride de son cheval, à lui soutenir l'étrier pour descendre ou pour monter lorsqu'elle quittait ses amis, gentilshommes par excellence. Possédant à fond tous les romans de chevalerie, elle s'était imposé la tâche de m'initier à leurs secrets. Son éloquence ne tarissait pas sur la fée Urgèle, les preux de Charlemagne. Des bords du Lignon elle passait par la brèche de Rolland dans la patrie de Don Quichotte, revenait à la cour de Philippe-Auguste, puis s'étendait sur l'ancienneté des familles lyonnaises et dauphinoises, examinait leurs écussons, n'oubliait pas non plus les contes féériques, s'attendrissait sur Zémire et Azor, chevrotant « Azor, Azor, en vain ma voix t'appelle » et cédait ensuite le fil de son érudition à « ma grand'tante Marianne, » conteuse essentiellement biblique, qui entretenait des rapports intimes avec tous les patriarches, me faisait danser devant l'Arche sainte et passer la mer Rouge deux ou trois fois par semaine, me donnant quelquefois des morceaux de sucre pour m'identifier avec la mansuétude de Dieu, lorsqu'il gratifia son peuple rebelle d'une manne qu'elle comparait à de la neige sucrée, ce qui m'inspirait des velléités de désert inconcevables. Des plaines d'Hébron et de Jérusalem, elle me transportait parfois aux glaciers du Grindelwald, décrits par Coxe. Les vaches et les laitières suisses rivalisaient alors d'ascendant sur moi avec Rebecca, Agar et Rachel. Ma tante Marianne était de haute stature, très grave et fort disposée à devenir l'auxiliaire de sa sœur Marion dans les encouragements à la vertu et à l'accomplissement de mes devoirs. A sa qualité de dépositaire des saintes légendes, elle joignait celle d'archiviste et de secrétaire de la communauté. C'est elle qui correspondait. C'est à sa garde qu'était confié le cachet de famille. Elle occupait son temps à tracer des dessins, des compartiments de broderie sur du papier jaune. La tante Annette, lui aidait à piquer ses traits et à les passer à l'encre.

Hélas, celle-ci ne proférait pas une parole sensée, et couvait un germe d'idiotisme qui se développa plus tard. Si elle mourut la dernière de ses sœurs, c'est que la lame n'usa pas le fourreau. Comparée à une glace, l'étamage lui manquait ; elle ne réflétait rien.

Venait enfin « ma bonne petite tante Marianne », la seule fille réjouie du troupeau, l'aînée cependant de sa sœur Baby, pauvre créature toujours souffrante d'une sorte de migraine viagère, maigre à faire pitié, ne jouissant jamais du présent dans la crainte du lendemain, par conséquent assez nulle, mais excellente, du reste.

La bonne tante Marianne avait le mot pour rire, de l'activité, de la bienveillance. Elle n'épargnait pas les friandises aux enfants et les attirait par son entrain à la campagne et pour la chasse et pour la pêche ; c'était elle qui, le tablier retroussé, nettoyait son fusil le samedi soir pour l'affût du lendemain. S'agissait-il d'aller au ruisseau d'écrevisses, c'est encore elle qui raccommodait les filets et préparait les appâts.

Tel était le giron féminin où je fus placé par mes parents. Je mentirais à mes souvenirs si je ne cherchais pas à exprimer une profonde gratitude pour tous les soins qui m'y furent donnés.

Ne dois-je même pas me reprocher d'avoir parfois abusé de la trop grande indulgence avec laquelle j'étais traité? Il est constant que j'exerçais un despotisme capricieux sur le cœur et l'office très bien approvisionné de mes tantes. Dans les pays où la science culinaire n'avait pas autant d'ateliers qu'en France, les demoiselles, en Suisse notamment, s'adonnaient autrefois à tous les travaux de ménage. Elles apprenaient à manier le rouleau et l'écumoire. C'était à qui ferait le mieux les conserves, les sirops et la pâtisserie ; mes tantes excellaient dans cet art. C'était à qui le fuseau tournerait le plus rapidement entre les doigts. Mes deux plus jeunes tantes, qui ne filaient pas, avaient des occupations plus en rapport avec mes goûts. Pendant longtemps je leur vis faire et monter des fleurs artificielles, et leur table à travail, émaillée de feuilles et de boutons bigarrés, me consolait un peu de l'absence des champs. Il m'arrivait d'embrouiller les écheveaux de soie, de tordre les fils d'archal, de roussir les coussins avec des fers à nervures trop brûlants et de m'attirer ainsi de graves réprimandes. Je m'en consolais plus facilement que de l'ennui d'entendre la conversation prendre un vol plus élevé, et faire résonner à mes oreilles les noms de Gibraltar, du comte d'Eſtaing, des galliotes de Mgr le comte d'Artois et de tous les héros de la guerre d'Amérique. Je pris même mon parti de la naissance du Dauphin, mais le pathétique de ma brave tante Marion, en nous annonçant qu'il venait de naître un héritier à la couronne de France, le redoublement d'oscillations du chef de ma tante Suzette en nous témoignant tout le plaisir qu'elle aurait à assister aux fêtes de la Cour, l'extrême délice avec lequel elle passait en revue les personnages les plus marquants qui devaient figurer au baptême, ne valaient pas pour moi les lanternes de couleurs transparentes fleurdelysées, et les préparatifs d'illumination que l'on faisait en ville à l'occasion de ce royal accouchement.

Le besoin d'animer leur vie casanière tenait mes tantes aux aguets de toutes les nouvelles et rumeurs publiques. Pas de vol, pas d'assassinat, pas de trépas, de mariage ou de naissance notable qui ne retentît dans leurs chambres tendues d'indienne et de toiles cirées peintes. Il me souvient du salon étroit et long, de sa cheminée en pierre noire, ornée de deux vases en corne gris foncé, toujours garnis de fleurs ; je me trouve encore en présence de je ne sais combien de bergers jouflus, richement colorés et frisés à blanc avec de gros catogans, la panetière sur

l'épaule et la houlette à la main et de Chloris
devant lesquelles plusieurs d'entr'eux étaient age-
nouillés et des brebis mollement couchées. Il me
souvient de ces chasseurs sur les traces du cerf,
des chiens haletants, d'une châtelaine, le faucon
sur le poing, à laquelle se comparaît complaisamment ma tante Suzette. La décoration de
cette pièce de réception était toute champêtre ;
cependant ses étroites croisées, coupées par des
impostes et des montants épais en pierre grisâ-
tre, jouissaient du privilège de voir passer tout
le grand mouvement d'une des voies les plus
animées de Lyon. A cette époque, la rue Lanterne servait de communication entre les places
des Terreaux et des Carmes et les quais de la
Saône. J'aperçois encore la foule qui s'y pressait
le mardi-gras, les Pierrots, les Arlequins, les
Colombines, et ces paysans traditionnels avec
leur longue perruque de chanvre ; et ces cuisi-
niers barbouillant le visage des spectateurs béné-
voles d'un amidon remué dans leurs casseroles.
Que d'incidents burlesques, d'éclaboussures, de
propos grivois, scandalisant la bonne tante Magdeleine ! Quel contraste avec ce cortège sinistre
qui défilait quelquefois à la tombée de la nuit,
escortant les condamnés à mort, appelés à subir
leur supplice sur la place des Terreaux ! On

appliquait encore la question, autrement dit la torture, et cette formalité, autant que la lenteur que les criminels mettaient dans leurs aveux, retardait souvent jusqu'à 8 ou 9 heures du soir l'instant fatal qui devait les livrer à la corde ou à la barre. Quelques cavaliers du guet et de la maréchaussée, dont les sabres étincelants fendaient l'obscurité comme des éclairs, ouvraient la marche et contenaient la foule trépignante. Venaient ensuite les Pénitents de la Miséricorde, encapuchonnés d'étamine noire, un cierge à la main et psalmodiant des litanies, puis enfin la charrette entourée de torches, dont la flamme rougeâtre éclairait le désespoir du patient et reflétait sur le pavé l'ombre austère de son confesseur. Des tourbillons de fumée résineuse montaient jusqu'à nous avec les murmures et les propos de la foule, durs ou bienveillants, suivant l'attitude du condamné. Je tremblais de tous mes membres, mon instinct naturel de pitié protestait contre cet appareil. — Tuez, tuez ce misérable ! étais-je tenté de m'écrier, mais n'augmentez pas les terreurs de son supplice. — Mon cher Auguste, disait la tante Marion avec un profond soupir, tu vois où peuvent conduire une mauvaise éducation et de dangereux exemples. Si ce malheureux eût été entouré de parents vigilants, il ne se serait probablement pas plongé dans le vice qui conduit au crime. Combien tu dois remercier Dieu de t'avoir placé tout autrement dans ce monde! Pense à ce que ce serait, si jamais nous avions la douleur de te voir passer dans ce tombereau, la corde au col. — A cette image, mes cheveux se dressaient sur ma tête et mes dents claquaient avec effroi. Hélas! cette bonne tante était loin de prévoir que, quelques années plus tard, sur cette même place des Terreaux, on verrait, au cri dérisoire de : Vive la liberté! faucher l'existence d'innocentes victimes, et que le pavé se teignant alors du sang, non pas des malfaiteurs, mais d'un grand nombre de ceux que nous respections et que nous aimions, il n'y aurait même plus des Pénitents de la Miséricorde pour rendre les derniers devoirs à leurs tristes dépouilles, jetées pêle-mêle dans une fosse commune.

Mais écartons ces tableaux de misère humaine, revenons à mes chères croisées, je veux les rouvrir pour des sujets moins sombres. C'est la semaine-sainte, des confréries d'hommes, vêtus de noir et de blanc, portant des cierges allumés et chantant des hymnes sacrés, traversent la rue pour aller faire leurs stations d'église en église. Puis, nous voici au mois de mai, un de ces jours radieux où les hirondelles sifflent joyeuses dans les airs. Les cloches des églises sonnent depuis le matin à toutes volées. On attend le retour des Pères de la Merci, de ces bons Pères occupés du rachat des chrétiens, captifs sur les côtes d'Afrique. Ils ramènent les malheureux délivrés de leurs fers. Malgré le plaisir de fouler le sol français, les souffrances et l'inquiétude sont encore empreintes sur tous ces visages. Quel sera leur sort lorsqu'ils heurteront à la porte de leurs foyers refroidis? Ne seront-ils pas exposés à des déceptions aussi tristes que leur ancienne servitude? Les années apportent tant de changements perfides au cœur. Sans être de taille à philosopher, je nourrissais le sentiment confus de ce que j'exprime aujourd'hui. Cette procession laissait une triste impression, on ne lisait pas le mot « espérance » en tête de sa bannière. Les rachetés marchaient chancelants, incertains, la tête brisée par un grand orage et le cœur menacé.

Passons maintenant à d'autres impressions. Le mercredi soir, mon père, proprement monté sur un cheval noir, caparaçonné de blanc, en habit de camelot gris, un œillet à sa boutonnière, culotte de peau ou de nanking, bottes à l'écuyère, soulevait deux fois le vieux marteau de la porte d'allée, adressait un geste amical à mes tantes et m'enlevait ensuite en croupe. C'est ainsi que nous prenions la route d'Ecully trottinant, mon père enchanté d'échapper à ses affaires, et moi ravi de toutes les sottises que j'imaginerais le lendemain pour me faire bien aimer de ma mère et tendrement chérir de mes sœurs. Ce départ n'était cependant point aussi solennel que celui du samedi, alors que les deux sœurs de ma mère pensaient aussi à s'embarquer le soir, pour aller la joindre et passer le dimanche avec elle. Quel ravissement de voir, dès le matin, leur coiffeuse arranger leurs papillotes, et, savant astronome, pronostiquer entre ses coups de peigne et ses coups de fer un temps superbe; puis, se tournant vers moi, dire : Voilà un jeune monsieur qui va bien s'amuser. C'est bien sur quoi je comptais ; mais, par une suite de mon organisation anxieuse, je n'avais plus le jour durant, qu'un point de mire : les girouettes et l'étroite bande azurée qui couvrait la rue Lanterne. Un léger nuage venait-il à passer, la possibilité d'un orage me prenait au cœur et je me voyais déjà restant prisonnier à la ville. Jamais, malgré de terribles alertes, cette éventualité ne s'est pourtant réalisée. — A quoi sert de t'inquiéter de la sorte, mon cher Auguste, disait la tante Marion ; la Providence ne veille-t-elle pas sur nous ; pouvons-nous empêcher ce qu'elle a résolu dans sa sagesse ? Allons, sois raisonnable. — Venait la grand'tante Marianne qui annonçait que la girouette tournait au matinal, que le temps n'était pas sûr. La tante Baby demandait gravement à sa sœur ce qu'elle en pensait, et l'optimiste petite tante Marianne, en préparant pour le soir son sac, dont maints bonbons pour mes sœurs occupaient la cale, lui répondait : — Baby, ma sœur, cela ne sera rien ; le ciel s'éclaircit du côté des Carmes. — La tante Suzette à la fenêtre se retournait pour annoncer qu'elle voyait des parapluies. A ces mots, redoublaient mes appréhensions et je pensais, sans oser l'exprimer, que la sagesse de la Providence dérangeait fort mal à propos la chasse aux papillons à laquelle j'avais rêvé toute la semaine. J'allais, je venais, je fronçais les narines, j'étais au désespoir. Mon jeune moral, profondément affecté, ébranlait mes nerfs. Alors ma tante Suzette essayait de me distraire, et renonçant aux arguments religieux ou philosophiques, abordait adroitement un des épisodes de sa vie, analogue à la cause de mes agitations. — Mon ami, écoute moi : nous étions au commencement du mois de septembre ; j'avais promis, depuis

longtemps, à MM. de... d'aller les voir à Cha-
ponost. Ces messieurs, qui m'aimaient beaucoup,
devaient m'envoyer un cheval et un palefrenier
pour le conduire, précisément un samedi comme
aujourd'hui. Toute la semaine le temps avait été
très chaud. Sur le midi, un léger coup de vent
parut balayer les nuages, si bien qu'à trois
heures ma monture était à la porte, avec un
homme fort convenablement vêtu ; je dis adieu
à mes sœurs et me mis en selle.

— Croyez-moi, mademoiselle Mayer, observa
mon guide, prenez un parapluie ; par précaution,
voici déjà un manteau que vous envoient mes
maîtres, car ce serait un miracle si nous n'a-
vions pas d'orage.

— Vous croyez, André ?

— J'en suis certain, mademoiselle.

— Prenons donc un parapluie.

Au bout d'une heure, nous sommes en rase
campagne ; les nuages s'amoncelaient du côté
de la ville. Tout à coup le tonnerre gronda
sourdement ; pas d'abri autour de nous, il faut
absolument pousser jusqu'au château avant d'en
trouver un. Je pique des deux, mais les éclairs
m'éblouissent, la pluie se met à tomber par tor-
rents ; mon manteau imbibé d'eau devient d'un
poids énorme ; le cheval refuse d'avancer ; je

me crus à ma dernière heure. Ce ne fut qu'à la tombée de la nuit que nous arrivâmes au grand portail de mes amis. Nous frappons plusieurs fois. J'entendis la voix de M. de... qui criait : Vite ! des flambeaux, c'est sûrement mademoiselle Mayer. — Enfin c'est vous, ma chère demoiselle ; si vous saviez comme vous nous avez tenus en peine ! — On m'enlève de mon cheval, plus morte que vive ; j'étais dans un état à faire pitié. Tous les soins me sont prodigués ; on m'étend dans un bon lit bien bassiné, on me fait prendre des infusions. Une heure après je rejoignis mes amis pour le souper, ils ne revenaient pas de mon courage — Et la péroraison de ma tante était : Tu vois, mon cher enfant, quel risque l'on court à braver le mauvais temps ; et son arrière-pensée : Voilà le moyen de consoler ce petit drôle, si par chance il était obligé de rester cette nuit sous notre toit. Mais j'eusse très mal pris mon parti. Aussi avec quel empressement, je descendais l'escalier tournant de la maison, lorsque l'heure du départ avait sonné ! Avec quel plaisir, quelle légèreté de corps et d'esprit, me voyait-on escorter mes tantes, tantôt en avant, tantôt en arrière, jusqu'au lieu de l'embarquement ! Quel bonheur de poser son pied sur la banquette de la barque vacillante qui nous attendait au bord de la Saône! Avec quel transport je m'écriais: Adieu Lyon, je pars! Allons, rame, Claudine! L'odeur marécageuse de la Saône m'était un suave parfum, et cette Claudine à peau ridée, une sirène, une délicieuse ondine dont toutes les paroles m'allaient au cœur. La Saône, si verte, où se brisaient étincelants les rayons du soleil couchant, me berçait des plus douces espérances pour le lendemain. Tout devait me réussir. Je capturais d'avance des papillons, des insectes inconnus, aux ailes de pourpre et d'azur, enfants dorés de ma jeune imagination. Au port Mouton, nous quittions la barque. Le reste de la route s'achevait à pied, moi regardant avec intérêt chaque pierre, chaque brin d'herbe, chaque mousse et grimpant alerte la montée d'Ecully, mes tantes marchant d'un pas plus mesuré, un gros sac à la main et une guirlande de craquelins en guise de manchettes jusqu'au coude. Puis on reprenait haleine sur le plateau du village. De là, se découvrait l'humble résidence paternelle, ombragée de grands et sombres noyers. Nous arrivons, toute la famille accourt, ma mère nous embrasse, mes sœurs et mes frères réclament les friandises, les citadins changent de costume, on se met à table et la nuit du samedi prépare ensuite de nouvelles fraîcheurs à l'aurore du dimanche, de ce dimanche passé en famille où tout était joie, sauf l'heure plus sérieuse où la famille réunie au salon écoutait la lecture d'un sermon d'Osterwald ou de Saurin.

Mais tout plaisir prend fin. — Allons, Auguste (c'est ma mère qui parle le lundi matin), tu t'es beaucoup amusé hier, tes tantes vont être prêtes à partir, il faut te préparer ; je te recommande la sagesse. Que tes tantes et M. Brunner soient contents de ta conduite. — Oui, maman, répondais-je, le cœur gros. — Sans cela tu ne viendrais pas coucher mercredi soir avec ton père. — Oui, maman. — Et pour peu mes deux yeux auraient imité les robinets de la fontaine d'étain vers laquelle ma bonne mère me poussait pour me laver les mains. Oh ! que je devenais tendre et sentimental au moment où il me fallait traverser la basse-cour, témoin de nos jeux, et suivre le chemin de la Croix sur lequel les rayons de soleil se tamisaient à travers des haies de sureaux et d'aubépines ! Je marchais tristement derrière mes tantes, accompagnées de ma mère et de mes sœurs. Aux approches du village le congé devenait définitif. Mon âme se remplissait d'une bouillante insurrection contre la fatalité de mon sort, lorsque la pente du terrain, laissant apercevoir la ceinture monumentale de Lyon, me rappelait les réalités de la rue Lanterne et celles plus sévères encore de la rue Puits-Gaillot, où m'attendait un inexorable pédagogue. — Auguste, du courage ! redisaient tour à tour mes tantes, une semaine est bien vite passée. D'ailleurs, tous les jours ne peuvent pas être des jours de fête. — Oh ! que si fait, pensais-je, le bon Dieu aurait bien dû se reposer six jours et ne travailler que le septième. Et je traînais la patte comme un pigeon blessé. Ah ! que les laitières qui revenaient du marché me faisaient envie ! Que Claudine la batelière me paraissait laide et la Saône rapide ! Quel coup fatal, lorsque notre esquif, après avoir longé les vilaines maisons de Bourg-Neuf, abordait derrière la Pêcherie et qu'il nous fallait gravir de mauvais escaliers sous les voûtes humides ouvrant l'accès de ce quartier aux Poissons! Le seul adoucissement était d'entendre mes tantes, retenir Claudine pour le samedi suivant. La ville et toutes ses odeurs nauséabondes me ressaisissaient. Le court espace à parcourir depuis le débarcadère jusqu'à la rue Lanterne nous faisait passer devant les portes de l'église de la Platière, ouverte aux prières du matin. Ce bas et humide sanctuaire d'où s'échappait toujours un parfum d'encens me glaçait de crainte.

Mes tantes, pour varier leurs moyens d'instruction, n'avaient pas négligé de m'initier à la révocation de l'Edit de Nantes et à toutes les persécutions exercées depuis lors en France contre nos coreligionnaires.

L'obligation d'aller clandestinement encore chercher chaque dimanche, aux Brotteaux, les miettes de consolation spirituelle dues à la tolérance du bon roi Louis XVI, donnait un poids terrible à leurs récits. Aussi ma jeune tête éprouvait-elle une véritable terreur à la vue de tout ce qui constituait la représentation du catholicisme. Il a fallu bien des années pour adoucir ce sentiment de répulsion. Mais nous voici arrivés. Voilà la boutique de M. Montmahoud, confiseur, qui occupe le rez-de-chaussée de notre maison. Ce nom poétique n'a jamais pu s'effacer de ma mémoire. Il se prête, on ne saurait le nier, à marquer un sang africain ou le chef d'un clan écossais. Montmahoud ! je vois encore tes deux cornes d'abondance, prêtes à répandre sur tout passant leurs bonbons et leurs dragées, à droite de l'allée de mes tantes; je hume encore le nourrissant parfum de tes biscuits et de tes pralines ; j'entends la voix du petit épagneul couché sur les genoux de ta femme. Tes fioles de sirop si bien alignées, tes alambics et tes bassines si bien frottés, sont déjà un avant-goût des friandises qui m'attendent au second étage de la maison. — Et cependant j'entre d'un air maussade, je profère tout au plus un triste : Bonjour, mes tantes, comment vous portez-vous ? Et je m'étends les pieds poudreux dans un fauteuil. La servante arrive avec un torchon et frotte, frotte mes jambes inertes de fatigue et de mauvaise humeur, car cette mauvaise humeur va grandissant jusqu'au lundi soir ; ce n'est qu'après avoir essuyé le premier coup de feu de mon précepteur, décliné, et reçu de lui force réprimande, que rentré le soir, assis à table, à la gauche de la grand'tante Marion, en face d'un vaste saladier de faïence blanche, richement nuancé d'arabesques et d'oiseaux couleur de rouille, encadré de toutes les autres tantes en bonnets de nuit et en longs peignoirs, costume qui les faisait ressembler à un collège de derviches, je reprenais mes esprits habituels. Sans attendre la fin du repas, n'avais-je pas l'indiscrétion de tracer avec la pointe de mon couteau, sur l'assiette qui était mon apanage et qui représentait un âne jouant de la harpe, ou même dans l'air, en nécromancien, la qualité de confiture que je sollicitais, disons plutôt que j'imposais, pour mon dessert.

Pourquoi des enfants tombant de sommeil,

résistent-ils souvent aux exhortations qui les pressent d'aller se coucher? J'étais du nombre de ces récalcitrants. — Mon ami, me disait-on, voici le petit homme de Saint-Just qui arrive, le petit homme de Saint-Just qui te ferme les yeux. — Non. — Tu as beaucoup marché hier, tu as besoin de repos. — Non. — Il faut te lever, demain à sept heures, pour repasser ton verbe *être* en allemand. — Non. — Comment! monsieur, non? (ici, la voix de la tante Marion contractait une dignité telle que mes pavots commençaient un peu à se dissiper), je voudrais bien voir que vous fussiez assez peu raisonnable pour nous désobéir. Allons, Auguste, pas de réplique, vos deux tantes ont sommeil, il faut monter avec elles.— Et, pour mettre fin à la discussion, son poignet ferme et résolu me faisait dévaler de mon trône. Je me redressais chancelant, cherchant à faire le gentil, tombant sur le dos de la tante Suzette qui se retournait fièrement en disant : — Eh bien! eh bien! monsieur, quelles sont ces manières ? — Puis trébuchant de l'une à l'autre pour leur souhaiter le bonsoir, je finissais par me suspendre aux longues manches de la petite tante Marianne.— Auguste! criait de nouveau la redoutable tante Marion, je suis bien mécontente de vous, nous serons obligées de nous plaindre à votre père. — Alors mes yeux s'ouvraient un peu mieux, et traversant une galerie donnant sur la cour qui servait de laboratoire à M. Montmahoud, nous nous mettions en devoir de monter l'escalier qui conduisait au logis de mes deux plus jeunes tantes. Je tire le rideau sur toute les polissonneries qui accompagnaient encore mon coucher et sur les corrections que le robuste bras de la tante Marianne ne craignait pas de m'infliger pour y mettre un terme.

Le lendemain, la cloche argentine de l'église de la Platière appelant les fidèles à la prière ; le mouvement graduel qui, dans une grande ville, précède l'ébranlement général, animait insensiblement notre réduit. Les rideaux de calicot blanc s'éclaircissaient, le pilon de M. Montmahoud commençait à résonner. Mon caractère inquiet me faisait, à peine éveillé, courir des épines par la tête. Ce n'étaient pas des soucis de fortune ou la disgrace du Prince à redouter ; ce n'étaient pas non plus les tourments de l'amour et de la jalousie, car les joyeux carillons de mariage et de baptême, qui tombaient du clocher voisin, ne me frappaient encore que comme d'amusantes agaceries adressées aux oreilles avides de bruit, c'était tout simplement la pressante obligation de dévouer ma tête, chargée de papillotes ou de marrons (1) roulés sur des plombs, au peigne à débrouiller, puis au peigne fin, puis au peigne à retaper dont s'armait successivement ma tante Marianne pour mettre en ordre ma chevelure. Je redoutais le douloureux tiraillement qu'il me fallait endurer jusqu'à ce que mes longues et blondes mèches pommadées et poudrées fussent emprisonnées par le ruban de soie noire. Quelle impatience sous le peignoir lorsque ma tête, portant une lourde queue terminée par un pinceau bien égalisé, s'agitait pour le mettre en mouvement et se rendre compte de sa pesanteur ! — Auguste, demeurez tranquille; que pensera M. Brunner, votre professeur, si vous arrivez chez lui comme un mal-peigné. — Oh! ma tante, vous me faites mal, vous m'écorchez ! — Et je sautais, je courais, faisant voler la poudre autour de la chambre. Pour me dédommager de la torture de la table à toilette, je trouvais dans le cabinet de travail de mes tantes une cafetière d'excellent moka, qui égayait la première heure de leur journée. Mais avant qu'il me fût permis d'y toucher, on exigeait de moi le matin, comme du reste chaque soir avant le souper, une courte prière faite à genoux, devant un

---

1) *Marrons*, terme de perruquier, grosse boucle de cheveux.

fauteuil du salon, sous la haute surveillance de la tante Marion. Puis j'étais admis à la table du déjeuner. Il me fallait beaucoup de temps pour arriver au fond de ma tasse de café ; j'y allais lentement, cuiller par cuiller, reculant la minute où je prendrais mon chapeau et mes livres pour m'acheminer vers la rue Puits-Gaillot, vers cette rue où siègeait la cour prévôtale de mon instruction, personnifiée en un grave Strasbourgeois, M. Daniel Brunner, aussi raide que flèche de sa cathédrale. Ah ! que de fois je le souhaitai dans la fosse aux lions, ce méthodique alsacien, que de fois j'aurais voulu l'enfermer dans le mortier de M. Montmahoud et mettre ma grammaire allemande au pilon ! Il portait des bas gris chinés, des culottes noires qui lui servaient d'essuie-plumes, et un habit marron sur lequel s'éclipsaient les traces de ses larges prises de tabac. Son visage me paraissait ressembler aux mascarons qui surmontent les fenêtres de l'Hôtel-de-Ville. Jamais il ne se mouchait sans faire de son madras quadrillé une pelotte avec laquelle il s'essuyait plusieurs fois le nez pendant qu'il toussotait, et jamais il ne parlait sans qu'il ne se fût mouché. Les domestiques l'avaient surnommé le Rabatjoye. D'une probité, d'une piété exemplaires, il avait été choisi par mes parents pour m'inculquer les premiers rudiments des Lettres et des Sciences ; mais sa devise en matière d'éducation n'était pas : *Ridendo castigat mores.* — Toujours sérieux, toujours sévère, il ne se faisait pas faute de m'appliquer un code pénal des plus variés. Tantôt, pour me punir de mes méfaits, il accrochait à ma boutonnière un grand âne en carton blanc et m'obligeait à rester ainsi décoré de l'ordre de la Légion aux grandes oreilles, exposé, sur le palier de l'escalier, aux risées des voisins; tantôt il m'infligeait le supplice des carreaux, c'est-à-dire rester debout, immobile, cinq, dix minutes et même une heure, suivant la gravité de la sottise, les jambes écartées sur deux carreaux ; ou bien encore il fallait apprendre par cœur des vers de M. de Voltaire dont je maudissais alors la muse et la fécondité. Aussi m'étais-je permis de travestir la *Henriade,* de la façon suivante :

> Je chante ce bavard qui règne sur la France,
> Ses vers font mon malheur et mon impatience.
> C'est par le bonheur seul qu'on devrait m'élever
> Et de tous les carreaux enfin me délivrer.

Historien fidèle, je dois à la vérité de ne pas déguiser un trait d'indignité qui me remplit de honte aujourd'hui. Un jour, exaspéré par une punition qui me paraissait injuste, je jurai d'en tirer éclatante vengeance. La haine est fertile en inventions. La vénération de M. Brunner pour certain livre grec, une Apocalypse, m'avait frappé. Ce fut ce pieux volume que je vouai à ma furie. Le soir, pendant que j'étais seul, des coups de canif lacérèrent, et des flots d'encre inondèrent les révélations de l'évangéliste. Le volume fut ensuite replacé sur un rayon de la bibliothèque. — Des jours, des semaines, deux mois s'écoulèrent ; je m'étais préparé une source d'appréhensions funestes et permanentes ; je ne me sentais pas méchant, et le repentir me gagnant, l'envie me prit souvent de me dénoncer moi-même et de désarmer ainsi par cet aveu une redoutable colère, car tôt ou tard l'heure du jugement arriverait. Elle finit par sonner. Oh ! que de fois le pauvre homme consterné s'essuya le nez avant de prendre la parole ! Avec quel tremblement, quel accent sévère il me harangua ! La péroraison fut pathétique et, dans l'excès de sa douleur, se déclarant incompétent, il s'en remit pour mon châtiment au tribunal suprême, à celui de mes parents. Le verdict inexorable fut « la rue des Fantasques ». Savez-vous ce qu'était pour moi la rue des Fantasques ? oui, cette rue alors inhabitée et située sous la caserne actuelle des Collinettes ? Je fus contraint d'y porter moi-même un instrument de flagellation, une verge de bouleau, et là, déculotté par mon professeur, j'y subis le supplice du knout !! Aujourd'hui je dois reconnaître que, dans cette circonstance, je l'avais bien mérité.

Je ne fus qu'un temps seul entre les mains de M. Brunner ; un de mes camarades nommé Braun, bouillant et irascible mais d'un cœur excellent, vint partager avec moi ses leçons et ses rigueurs. C'est dans l'appartement de son père que nous les subissions en été. On le grondait tout autant que moi. Après avoir terminé nos études, et avant de rentrer chez mes tantes, nous allions nous ébattre dans les prés des Brotteaux. Là, nous bâtissions, avec des fragments de briques, des palais enchantés, dont la toiture composée d'herbes fraîches devait retracer les jardins de Sémiramis. A qui niera les effets de la conscience, je soutiendrai que les jours où je n'avais pas été sage, la mienne tenait ma gaîté en échec. C'était toujours avec appréhension, lorsqu'il m'arrivait de scruter mes fautes et mes mauvaises pensées, que je voyais mon précepteur se diriger du côté de la rue Lanterne. Mais sa sévérité, en opposition avec les gâteries de mes tantes, traçait une ligne de démarcation entre elles et sa personne. Sans en rien témoigner, il leur attribuait évidemment pour une bonne part mon humeur quinteuse ; aussi évitait-il tout conflit d'autorité, se réservant de compenser, par ses châtiments et ses réprimandes, la prodigalité de leurs caresses.

C'est ainsi que se sont passés plusieurs étés de mon enfance. Je ne veux pas terminer le tableau de l'intérieur de mes tantes sans célébrer aussi leurs réunions d'hiver. Le jour des Rois, ou peu de temps après, elles invitaient chez elles tous les enfants de la famille. C'était une grande charge que s'imposaient ces excellentes parentes. Leur intérieur, rendu houleux par si tapageuse compagnie, avait ensuite besoin de toute une semaine pour retourner à l'ordre qui le caractérisait. Chacun de nous garde encore dans sa mémoire la longue table garnie de friandises et du gâteau traditionnel, tous les jeux, tous les livres sortis des armoires pour nous distraire. C'étaient des *Bibles* à gravures, *la Maison rustique, le Traité d'histoire naturelle,* de l'abbé Pluche. Ce jour-là on contait peu d'histoires, mais on reproduisait quelques scènes de Molière, car, à l'exception de la pieuse Magdeleine qui n'allait jamais au spectacle, nos tantes n'étaient indifférentes ni à la comédie ni à la tragédie. Elles s'étaient fréquemment permis cette distraction, et pas un acteur célèbre ne traversait Lyon qu'elles ne fussent l'entendre. Chacune d'elles avait à ce sujet une anecdote à raconter, une sensation à redire. C'était Le Kain, admirable dans *Mahomet* ; Mlle Saint-Phal, terrible dans *Phèdre* ; Mlle Clairon, superbe dans *Rodogune* ; Mlle Raucour, effrayante dans *Médée* ; enfin, Larrivé, apprécié de plus près encore parce qu'il avait été lié avec mon oncle Belz. La tragédie était presque un mal ou un héritage de cette branche de notre famille et y fut cultivée avec un véritable succès ; mais les scènes par trop tragiques de la Révolution m'en ont promptement rassasié. Enfin, je dois mentionner aussi une cassette en bois de sandal devant laquelle mes tantes ne passaient jamais sans pousser de gros soupirs accompagnés de ces mots : Ah Mississipi ! Mississipi ! Mississipi ! Que signifiait ce cri cabalistique ? Un jour je demandai le mot de l'énigme. — Mon ami, c'est un grand fleuve d'Amérique sur lequel ton grand-oncle a eu l'imprudence de placer presque toute sa fortune et qui l'a engloutie. Tu vois cette cassette, elle contient plus d'un million.... en papier !.. ajoutaient-elles. — Ah ! si notre père, disait la tante Suzette, avait mieux su conduire sa barque, s'il avait acheté de bonnes terres à blé au lieu de se

fier aux billets de Law, nous ne serions pas aujourd'hui dans la rue Lanterne, mon pauvre
Auguste ; nous aurions un beau salon, de belles
rentes, des chevaux à l'écurie et nous roulerions
carrosse ! — Le bon Dieu ne l'a pas voulu, interrompait la tante Magdeleine, ne donnez pas des
regrets superflus à cet enfant ; inutile de l'attrister. — Quelle n'eût pas été la prodigalité de
mes tantes pour moi si elles eussent joui d'un
pareil héritage !

Ici, je m'arrête ; l'enfant est devenu adolescent, il est dirigé sur les pays étrangers pour
terminer son éducation. A l'heure où la Bastille
tomba, j'étais en Allemagne, séparé de mes tantes
depuis près de deux ans. La France grondait
comme un volcan. Que de destinées allaient
changer ! Rappelé à Lyon par mes parents, je ne
retrouvai plus mes tantes dans leur ancien appartement. De la rue Lanterne, devenue beaucoup
trop bruyante par les agitations populaires, mon
père les avait installées dans une demeure plus
tranquille, rue Sainte-Catherine, sur une vaste
cour retirée, où n'arrivaient pas les bruits de la
foule. Mes relations avec elles, quoique toujours
fort suivies, n'avaient cependant plus le même
degré d'intimité. Appelé à me vouer au commerce, j'arrivais à cet état mi-indépendant qui

34

précède la liberté entière du jeune homme. Pour
m'occuper et me défendre des rêveries si funestes
à seize ans, on me faisait suivre assidûment des
leçons de violon, et cette étude, mêlée aux travaux de bureau, me protègea contre bien des
pièges redoutables, à pareil âge, dans une grande
ville. Souvent il me prenait des retours de polissonnerie et j'affectais de désoler mes tantes par
des propos extravagants, ou bien en leur jouant,
sur mon violon, des airs de danse tels que *la
Comtesse du Nord*, lorsqu'elles me demandaient
des ouvertures d'opéra.

Bientôt la tourmente révolutionnaire devint
de plus en plus violente ; je fus envoyé à Augsbourg dans une maison de commerce. Toutes
mes tantes vivaient encore lorsque je pris congé
d'elles. A l'approche du siège de Lyon, mon
père, leur ange tutélaire, les transporta toutes
ensemble, encore au nombre de sept, de la rue
Sainte-Catherine dans sa petite maison de la
Mollière à Saint-Didier-au-Mont-d'Or. C'est là,
que priant Dieu, s'entr'aidant de leurs forces
défaillantes, à l'abri des déchaînements terribles
de la Terreur, elles s'éteignirent successivement.
Lorsque, six ans après mon départ, je revis Lyon,
ruiné, démoli en partie, trois de ces tendres
parentes, ma tante l'aînée, mes grandes tantes

Marion et Marianne, avaient déjà quitté cette terre orageuse pour un monde meilleur. L'enjouée petite tante Marianne a survécu la dernière, ce fut elle qui ferma aussi les yeux à mon père et à ma mère. Ses cendres reposent à Loyasse, tandis que le petit cimetière de Saint-Didier-au-Mont-d'Or a recueilli toutes ses compagnes ainsi que mes parents. Le silence qui règne sur leurs tombes n'est interrompu que par la cloche du village marquant les heures de ceux qui doivent à leur tour les rejoindre. Dormez, bonnes tantes, dormez aussi bien que vous avez vécu ! Puisque la parole humaine vous est ravie nous n'entendrons plus vos caressantes voix. A votre neveu d'élever la sienne pour faire revivre votre souvenir devant les jeunes générations de la famille et les appeler à vous chérir !

Aujourd'hui 24 janvier 1834, près de cinquante années se sont écoulées sur les souvenirs que je viens de décrire. La maison de la rue Lanterne existe encore. Elle n'a subi d'autres modifications que la métamorphose extérieure de ses châssis à coulisses, en grands quadrilatères. L'escalier est le même ; la fenêtre cintrée qui l'éclaire ne porte pas trace de nouveaux coups de pinceau. On dirait que les mêmes toiles d'araignées s'y sont succédé de mère en fille, sans jamais avoir été troublées dans leur travail. La cour est occupée par un épicier ; là une enseigne oubliée atteste une ancienne fabrique de chocolat. Serait-ce un dernier débris de Montmahoud dont le nom a disparu et dont la boutique est remplacée par un magasin de mercerie ? A l'étage de mes tantes, le devant se trouve occupé par un tailleur, le fond, à en juger par la personne qui l'habite, pourrait bien être sous la surveillance de la police des mœurs. L'église de la Platière, entrepôt de denrées coloniales, a perdu son campanille et son carillon. M. Brunner s'est éteint à Strasbourg, après être devenu professeur du gymnase de cette ville. L'hymen, autant que j'en pus juger dans une entrevue où nous nous embrassâmes sans rancune, avait adouci sa sévérité. Sa femme, n'ayant pu lui donner de progéniture, l'entourait d'une troupe de chats de toutes les couleurs.

Tantes et professeur, cloches et marguillier, tout est fondu, tout a pris congé de ce monde, de ce grand tonneau des Danaïdes, qui s'emplit et se désemplit incessamment d'âmes et de corps nouveaux.

VOYAGE ET SÉJOUR EN ALLEMAGNE.

1788-1789.

C'EST une triste nuit, que la veille d'un départ, pour un jeune cœur de quatorze ans, appelé pour la première fois à quitter le toit paternel afin d'aller apprendre à vivre dans l'étranger. C'est presque une condamnation; on compte, on suppute la longueur de l'exil; il semble ne jamais devoir se terminer. Alors les paupières se mouillent, la poitrine se gonfle, les pleurs coulent sur l'oreiller. Quelques ordres donnés par la mère se font encore entendre dans la maison. Les sollicitudes d'une mère ne s'endorment pas au moment où l'enfant qu'elle allaita va faire son premier grand saut dans le monde. C'est que ce saut est si périlleux, si décisif! Enfin, la dernière lumière s'éteint et chacun pleure de son côté jusqu'à ce qu'un sommeil agité et entrecoupé nous conduise au lendemain.

Voici le réveil. L'aube est là qui frappe à la fenêtre. Les mascarons de l'Hôtel-de-Ville de Lyon, en face desquels le pauvre garçon demeure, le regardent plus tristement que de coutume; c'est un jour de mars encore froid et brumeux. Il se lève brisé et engourdi. Sa seconde providence, sa mère, a tout disposé avec ordre autour de son lit sur des chaises, pour qu'il puisse se vêtir machinalement; jusqu'à des bas bien chauds qui sont retournés, prêts à mettre. Elle a tout prévu, la tendre bonne mère; à son fils, rien ne manquera. Déjà la malle grassement pourvue de vêtements appropriés au nouveau climat qu'il doit habiter, chemine vers les frontières du nord, vers Strasbourg, et de là un expéditeur de confiance l'adressera à ses correspondants allemands, car c'est près de Leipzig, c'est en Saxe, chez le pasteur luthérien du modeste village de Zöppen, qu'il va faire un séminaire de deux ans, pour apprendre à parler la langue de ses pères. Comme il en a coûté à la mère pour faire cette malle; comme elle a tourné, retourné et béni chaque objet; comme elle a pieusement prié Dieu de protéger contre tout accident, contre toute séduction, cet enfant si inexpérimenté!

Puis voici le dernier déjeuner; c'est la pauvre

mère qui le sert en pleurant ; c'est le jeune homme qui veut faire l'homme fort, qui le mange, mais sans appétit, mais en essuyant et en avalant en cachette de grosses et chaudes larmes. En cachette aussi, comme il aime sa mère dans ce moment ! comme toutes ses tendresses, qu'il accueillit souvent distraitement, se représentent à son souvenir ! Sans la crainte de ressembler à une petite fille, on le verrait fondre en pleurs et tomber dans ses bras. L'heure est venue ; c'est elle qui presse sa tête contre son sein, qui l'encourage, qui lui donne ses gants et son chapeau ; elle l'étreint encore une fois. Vient le tour de la bonne Benoîte qui épingla ses premiers langes ; celle-ci s'essuie les yeux en silence avec son tablier de lin bleu ; elle le recommande à Dieu et à tous les saints. Et la cuisinière, la grosse Marion, dont le partant exerça si souvent la patience, arrive le mouchoir sous le nez et les paupières rouges : « C'est-il pas dommage d'envoyer un jeune homme comme çà dans un pays où ce qu'on ne vit que de choucroute et de jambon ! » dit-elle en larmoyant. Ici, le père fronce les sourcils, car il n'aime point à entendre médire des usages de sa patrie, il prend son fils sous le bras et l'entraîne.

Il est parti. Qu'il est douloureusement retentissant, le bruit de la porte paternelle, lorsqu'elle se referme, et combien les genoux de l'adolescent le serviraient mal pour descendre les étages sans l'appui de son père. Pauvre père ! lui aussi, paie son tribut à l'émotion. Que de recommandations, que d'injonctions, que d'encouragements à la confiance en ceux dont son fils va dépendre, adressés au jeune voyageur ! Ah ! certes, si cet enfant pouvait agir et se conduire toute sa vie sous l'impression qu'il reçoit à cette heure solennelle ; si l'attendrissement et le respect, avec lesquels il se colle aux vêtements de son père, ne devaient jamais s'affaiblir, qui donc oserait douter de sa vertu, de ses succès, de son bonheur ? Déjà la voiture d'Allemagne toute chargée, les chevaux, le postillon en grande tenue, stationnent devant l'hôtel de Milan. Tous deux montent l'escalier, et l'émotion du néophyte redouble en apercevant ses compagnons de voyage, la porte de leur chambre ouverte, mettant la main aux derniers préparatifs.

Des lambeaux de papiers semés sur le parquet, une odeur de cire d'Espagne provenant de la dernière lettre que l'on vient de cacheter, les débris d'un déjeuner sur une table à tapis vert, le parfum de la pipe du matin, certain air de préoccupation répandu sur les visages, le maître d'hôtel qui prend congé en emportant le montant de son mémoire, un gros et court domestique, à tête ronde bien blonde, d'un âge solide, portant casquette grise et redingote de drap vert, le tout bordé et doublé de peau de loup, des bottes noires jusqu'aux genoux, allant, venant, descendant les fourrures de ses maîtres et laissant, comme une fouine, sur son passage, l'odeur renforcée du cuir de Russie ; tel était l'aspect de cette chambre.

Peter, vergiss er den Fusssack nicht !

Nein, Herr !

Frisches Brod auch nicht !

Nein, Herr !

Cela veut dire, en français, que MM. Pierre Platzmann, de Leipzig, et Lautier, de Berlin, enjoignaient à leur fidèle et obéissant serviteur, de n'oublier, ni leurs sacs bien chauds pour les pieds, ni de se munir de pain frais. Nous arrivons de la sorte à connaître mes compagnons de voyage. Voilà que nous saluant, et s'adressant à mon père et à moi, car j'entre nominativement en scène, ils nous souhaitent une cordiale bienvenue et s'informent si je suis assez chaudement habillé.

— Eh ! bien, notre ami Auguste, nous allons te faire voir du pays (c'est M. Lautier qui parle), et comment va le courage ?

Ici mon père, voyant mes yeux se gonfler, fit à ses amis un geste significatif. Il fut compris et au lieu de le prendre sur le ton de la plaisanterie goguenarde assez familière à ces messieurs, ils épargnèrent fort charitablement ma progressante tristesse. Après avoir embrassé mon père, je fus placé entre eux, mais un peu en avant, sur un petit straponton, dans la Viennoise qui, des bords du Rhône, allait nous transporter au-delà des rives du Rhin. Quand je vis le postillon lever sa botte forte et prononcer le redoutable « en route »; quand j'entendis tinter les grelots de ses chevaux, alors mon cœur et tous mes membres commencèrent à trembler, car j'aperçus mon père qui pleurait; et quand un homme, quand un père pleure, croyez-moi, il n'y a plus de quoi rire. Je me mis donc à sangloter tout à mon aise, et ce fut à travers un brouillard humide que je crus entrevoir mes sœurs, ma mère et ses servantes aux fenêtres de notre habitation.

Pleurer un peu plus ou un peu moins, ne tirant plus à conséquence, mes sentiments désolés lâchèrent toutes leurs écluses, si bien que, lorsque nous eûmes dépassé les barrières de la ville, je commençais à me remettre et à me sentir un peu soulagé. En tournant timidement et presque honteusement la tête, tant l'orgueil, le sot amour-propre nous reprend vite, je crus remarquer que mes deux compagnons ne se moquaient point de mon affliction et je leur en sus un gré infini. Je les connaissais du reste depuis longtemps ; j'avais sauté sur leurs genoux, joué avec les breloques de leurs montres, badiné avec les belles épées qu'ils portaient aux jours de gala. D'heureux antécédents m'attachaient à eux, et leurs importantes relations d'affaires avec mon père étaient un titre à leur affection.

Plus de doute, je suis en route ; j'ai devant moi deux chevaux qui trottent, leur postillon qui siffle, le brave Peter qui bat le briquet pour allumer sa pipe et qui fait une volte-face pour me demander avec une parfaite bonhomie :

— *Der junge herr raucht nicht.* (Le jeune monsieur ne fume pas ?)

Je devins cramoisi de mon ignorance et le regardai avec un de ces sourires d'expression douteuse dans lesquels on cherche vainement un oui ou un non. Sans doute, il imagina m'avoir compris et se tint pour satisfait, car il proféra en plaçant son amadou sur son couvercle : *Ia so !* (Ah ! c'est cela.)

Le kanaster (1) en plein air (ses maîtres ne permettaient pas qu'il en fumât d'autre) me cha-

---

(1) *Kanaster*, sorte de tabac hollandais très doux.

44

touilla agréablement l'odorat et me rappela si
sensiblement les pipes de mon père, qu'il s'en
fallût de peu que je ne retombasse dans un nouvel accès de désespoir. D'ailleurs, tandis que je
m'éloignais, mes pensées retournaient toutes à
ma mère et je la voyais, la tête à la fenêtre, consultant le ciel, sinon les astres qui tous étaient
cachés, pour se rendre compte de nos destinées.
La crainte des inquiétudes qu'elle pouvait éprouver me jetait dans un grand abattement et, le
premier jour, les efforts multipliés de mes deux
compagnons pour me rasséréner échouèrent complètement. Je voyais, avec envie, couler le Rhône
dans la direction de mes parents, et mon attendrissement en vint au point de me faire regretter
le sévère professeur dont la tyrannie m'avait arra-
ché tant de malédictions. Brunner, tu fus vengé,
bien vengé ! Les relais de Meximieux à Bourg nous
enfoncèrent dans les étangs et les bois des Dom-
bes. De blanches vapeurs se traînaient pesantes
sur les eaux marécageuses ; aucun oiseau ne
chantait dans les bois que nous traversions ; franchement, j'en eus voulu au joyeux bavardage
des merles et des pinsons. La tristesse cherche la
sympathie en tout. L'obscurité vint insensiblement donner à notre marche un caractère plus
lugubre et, quand l'épaisse nuit couvrit les grands

chemins, quand je n'eus plus à redouter aucune inspection, je me mis de nouveau à répandre d'abondantes larmes, éprouvant une certaine douceur à me sentir en harmonie de pensées avec ma pauvre mère, inquiète, sans doute, des dangers auxquels était exposé son fils; car alors, en dépit du bon plaisir royal, les routes n'étaient ni aussi belles, ni aussi sûres qu'elles le sont aujourd'hui. La riche collection de roués et de pendus qui servait annuellement d'édification à l'œil, et de coups de fouet à la conscience du peuple lyonnais, l'atteste suffisamment. C'était la seconde fois de ma vie que je courais la poste à la lueur de deux lanternes et je ne m'avisai pas de dormir, curieux que je me sentais, de tout examiner, d'entendre nommer les relais, payer le prix de la course, de surveiller les évolutions de l'honnête, infatigable, mais un peu maladroit Peter. Mes deux compagnons, blasés par l'expérience, sur tout le romantisme d'un voyage nocturne, se bornaient à faire acte de présence en ronflant harmonieusement, l'un en *ut*, et l'autre en *sol*. Un large dossier de cuir mobile, en soutenant mes reins, ne me permettait pas de m'étendre, mais il me rapprochait de ce concert nasal et guttural. Agréable fut l'impression, lorsqu'à la fantaisie de sommeiller, succéda, chez M. Platzmann, celle de m'adresser quelques plaisanteries et de donner à son serviteur l'ordre de bourrer son écume de mer à couvercle d'argent. Dans la fraîcheur de la nuit, j'accueillis, avec une satisfaction qui témoignait de mon origine germanique, l'arôme de l'amadou et des nuages qu'il développait. Oubliant déjà les recommandations de ma mère, je me promettais d'apprendre à fumer dès qu'une occasion propice se présenterait. Première désobéissance, délit prémédité, délit doublement coupable ! Puis recommençait le bruit des grelots. Les maisons et les arbres passaient à la course, les chiens aboyaient. C'est ainsi que nous traversâmes la Bresse ; puis après les basses terres, après d'autres relais sur les versants montagneux du Jura, nous atteignîmes Lons-le-Saulnier à l'aube du second jour. Il me souvient qu'il faisait froid, que ma prédilection pour les roues tournant la nuit, allait en diminuant, que tous mes membres se trouvaient engourdis, mon cœur bien gros, que mes deux compagnons s'étiraient de fatigue. Tandis que nous prenions le café dans une hôtellerie, vint à passer une pieuse confrérie de femmes habillées de bleu, cierges en mains, se rendant matinalement à l'église ; plusieurs autres femmes égrenées, vêtues de grands manteaux noirs, se dirigeaient du même côté : nous étions au Jeudi-Saint. L'antique édifice monacal et féodal français subsistait encore. Notre café, nous le prenions, au son des cloches argentines de tous les couvents, de toutes les saintes maisons de ce Lons-le-Saulnier dont la rue large et les salines marquèrent à jamais dans ma mémoire ce jour de dévotion et d'affliction pour moi. Deux nuits déjà passées loin de la maison paternelle ; plus de six cents encore devaient s'écouler avant que je ne la revisse ! Vous qui me lisez, soyez indulgents ; faites-vous jeunes d'âme et de corps, et vous comprendrez comment avant de remonter en voiture, seul à l'écart, je versai encore des larmes amères. Dorénavant, je vous promets de pleurer le moins que je pourrai afin de ne pas vous attrister et de ne pas abuser de l'intérêt que vous me portez.

A Poligny, à Arbois, à Quingey, à Besançon, partout, nous vîmes les fidèles remplir leurs devoirs religieux. C'étaient de nombreuses processions, des femmes noires, des vierges blanches, des petites chapelles sur le bord de la route où brûlaient des lampes ; bien souvent des crucifix de grandeur naturelle en bois verni. Nous ne nous arrêtâmes point à Besançon ; ce fut une troisième nuit d'épreuves, belle & claire comme la soirée qui l'avait précédée. Enfin quand vint le jour, nous débouchâmes après Belfort dans les vastes plaines de l'Alsace, bordées par les Vosges à l'horizon. Ici, le zèle religieux semblait redoubler ; à chaque instant de grands christs placés sur des piédestaux entre de hauts noyers dont les branches sèches renforçaient l'image de la mort et de la désolation. Des paysannes, dans un costume pittoresque et nouveau pour moi, se présentaient, le teint rougi par la bise, fréquemment agenouillées devant les croix et les reliquaires. La langue que j'allais chercher commençait à frapper mes oreilles, mais bien rude ; aussi M. Lantier, élégant berlinois, se crut-il obligé d'insister sur ce point que ces femmes parlaient un allemand *grossier* tout différent de celui que j'entendrais à Leipzig ou en Prusse. Pourtant ces pauvres paysannes sous leurs robes de laine noire, rouge, verte ou bleue, portaient des cœurs français, et les plus blondes, celles dont l'expression de physionomie se montrait la plus douce, m'inspiraient l'envie de ne pas aller plus loin et de les embrasser. La journée fut triste, partout on chantait ténèbres. Nuit déjà close, nous entrâmes dans une grande cour de poste où la fermeture des portes de Strasbourg nous forçait à passer la nuit. Le nom du village ou hameau, je ne me le rap-

pelle pas exactement. Le souper fut assez hété-
roclite pour une bouche française. Le cumin
dans la soupe et dans la sauce blanche du pois-
son, des pruneaux et des poires mélangés avec
des pâtes grasses en forme de quenelles, me
parurent des monstruosités : un grand plat
d'écrevisses me donna à penser que celles d'Alsace différaient sensiblement de race avec leurs
sœurs du midi. En s'emparant de l'Alsace le roi
Louis XIV aurait bien dû imposer à sa nouvelle
province les anciennes recettes culinaires de la
monarchie. Que n'y a-t-il proscrit aussi les lits
trop étroits et cette profusion de duvets recou-
verts de lin bleu qui à cette époque en formait
la garniture sans aucun drap pour les accompagner! Comme ils me firent regretter ma simple
couchette de la rue Puits-Gaillot ! J'y trouvai
néanmoins le sommeil nécessaire pour restaurer
mes forces ; mais, le lendemain, lorsqu'à la
place de la toilette en marqueterie de ma mère
et des hautes fenêtres lyonnaises je me vis en
face d'un grand poële à carreaux de faïence
verte, de petits vitraux plombés, d'une garniture
de toilette en étain noirci par un long usage,
ma véritable situation me revenant à l'esprit,
j'accompagnai le chant du coq par de profonds
et fréquents soupirs. Comme le jour vous ra-

50

mène, à coups redoublés, les chagrins assoupis par le sommeil ! La nuit, ce grand éteignoir, nous assure souvent une trêve. Les rayons du soleil au contraire rompent l'armistice. Il faut combattre ! Ayant rejoint mes compagnons, nous fûmes bientôt relancés sur la grand'route au gré d'un joyeux postillon, et ils sont très joyeux en Alsace. Nous ne tardâmes pas à voir poindre à l'horizon la flèche aiguë de la cathédrale de Strasbourg, puis après avoir traversé ses fortifications qui m'impressionnèrent vivement, nous fîmes halte devant *l'Hôtel du Corbeau*. En l'an de grâce 1788, cet hôtel, quoique fort triste d'aspect, jouissait de quelque réputation ; mais nous n'y séjournâmes pas longtemps et le lendemain, jour de Pâques, aux rayons du soleil naissant, nous passions le Rhin. — A toi, France, adieu !.. A toi, Allemagne, salut ! A toi, France, la révolution qui couve ! A toi, Allemagne, l'entêtement qui la fera déborder sur ton sol ! — Bientôt l'imposante limite des flots qui coulent sous ce pont sera franchie par des flots d'hommes plus redoutables encore. Cinq années auront à peine passé sur ma jeune tête que les nations s'entasseront sur ces bords, se provoqueront et s'égorgeront.

Mais halte ! halte !

L'officier de la rive étrangère se présente avec ses tablettes: « Pardon, qui sont ces messieurs ? » Il me prit bonne envie de répondre : un pauvre jeune homme bien ennuyé d'entrer chez vous ; mais le fonctionnaire portait des moustaches rousses si longues et si épouvantables qu'en dépit de son teint couleur pâte de biscuit mélangée avec de la gelée de groseilles, je vis qu'il fallait filer doux et laisser parler les autres. Le colloque ne fut pas long et j'ai appris depuis qu'il avait dû se terminer par l'inévitable : *Schon recht, meine Herren, er kann fahren.* (C'est bien, messieurs, allez.) — J'étais dans la souricière !!

Par nos fréquentes incursions sous la République et le vaillant Empire, par le remarquable ouvrage de Mme de Staël, l'Allemagne est maintenant mieux connue et plus justement appréciée qu'au xviiie siècle. Les peuples gagnent toujours à s'étudier mutuellement. Je déteste ces éducations exclusivement nationales qui, pour première base, sèment au cœur de l'enfant l'orgueil, l'infatuation, l'amour sot et étroit de la patrie. Qu'il y ait attachement pour les lieux qui nous virent naître, dévoûment à son pays, cela est naturel ; mais qu'une carte géographique trace les limites de notre affection pour nos semblables, je le trouve anti-chrétien, et déplore que par suite d'une éducation pleine de préjugés, de fâcheuses préventions naissent et grandissent avec notre intelligence, à la charge des nations que nous ne connaissons que de nom. Qui donc, en Allemagne, à l'époque de mon premier voyage, n'était pas imbu de l'idée, par une conséquence des impressions, souvenir de la guerre de sept ans, que le Grand-Frédéric n'aurait jamais son pareil ; que les Français étaient efféminés, bons pour la poudre à friser et non pour la poudre à canon ; qu'ils étaient faciles à vaincre et prompts à courir de peur. Rosbach, le fâcheux Rosbach, se trouvait dans toutes les bouches. Soubise, son musc, sa pommade, ses coiffeurs et ses maîtresses, étaient, après trente ans, encore raillés par nos détracteurs. Que de quolibets lourdement lancés, tombaient à plat dans la conversation sur les descendants dégénérés des Gaulois et des Francs ! De notre côté, nous nous vengions en traitant les Allemands, d'ours mal léchés, manquant de tact et de manières, saluant sans grâce, bons pour la pipe et pour étriller les chevaux. Tandis que les uns critiquaient les entrechats français, les autres tournaient en ridicule la tournure empesée des barons de haut lignage, l'épée maladroitement portée, la lourdeur des heyduques et des chasseurs, le mauvais goût des livrées, et parce que l'*Almanach des Muses* ne paraissait ni à Berlin, ni à Dresde, ni à Vienne, l'Allemagne était un pays sans littérature, ne produisant relativement à la France que des copistes. Pour modifier ces impressions, il a fallu que Iéna vint effacer le souvenir de Rosbach, que le génie des Wieland, des Goethe, des Schiller, la valeur progressante des universités germaniques, brillassent d'un éclat aussi remarquable. Alors, les Prussiens connurent que le soldat français portait un cœur plein de bravoure et d'intrépidité, et de leur côté, mes compatriotes s'aperçurent que les Allemands, sous leur chevelure jaune et derrière leurs yeux bleus, avaient de l'intelligence et de sublimes pensées. Depuis lors, on se salua plus poliment, sans préjudice des impolitesses que l'on s'est faites depuis et que l'on se fera encore, chacun voulant toujours avoir le dernier mot.

Mais revenons à ma petite personne dans ce pays si grand et si nouveau pour elle. Ici je dois convenir de l'infidélité de ma mémoire ; il ne me souvient plus des petites villes princières que nous traversâmes. Nous dûmes passer par Carlsruhe, Heidelberg et Darmstadt. Ce qui me frappa le plus, ce furent le vin rosé du Margraviat et les crieurs de nuit. Peter, depuis qu'il avait retrouvé son pays, ne redoutait plus d'égayer l'auditoire par son accent et ses expressions germaniques; il paraissait grandi d'une coudée. Triomphant sur son siège, il respirait avec délices l'air natal; il assumait vis-à-vis de moi des airs protecteurs. Dans la forêt de Darmstadt, par une bise glacée, notre postillon sonna longtemps du cor; ses accords mélancoliques réveillèrent ma sensibilité, et j'eus de nouveau un violent retour de tristesse. Enfin nous arrivâmes, je ne sais comment, à Francfort, et la voiture s'arrêta sur le Rossmarkt devant l'habitation de M. Alexandre Gontard, autre ami de mon père. C'est là, que des mains de mes deux mentors, je devais transitoirement et pour deux jours, tomber sous la tendre tutelle de la plus excellente des femmes, de Mme Gontard, alors nommée « la mère ». Je crois la voir encore dans son salon bien tapissé, avec son grand fourneau de porcelaine dorée, m'embrassant maternellement, m'offrant gracieusement sa blanche main pour le traverser et me faire asseoir à côté d'elle sur un douillet canapé. De la couleur, de la forme des meubles, je ne saurais me rappeler; mais cette bonne et vénérable dame était vêtue de satin noir et son nez aquilin lui prêtait un air de Romaine. Elle fut d'une rare bonté, prévenant ma gaucherie, m'assignant elle-même mon petit logement, me commettant, pendant toute la durée de mon séjour, aux soins de son neveu, M. Louis Bernus. Chez elle, je me trouvais en paradis. Son mari, — et qui n'a pas connu à cette époque M. Alexandre Gontard, conservant les façons de la galanterie française dont ses ancêtres, émigrés après la révocation de l'Édit de Nantes, lui avaient laissé les traditions ! — M. Gontard portait l'épée, les talons hauts, l'habit de velours gris à larges basques, des diamants aux doigts, dentelle rousse et fine faisant jabot, la bourse de soie noire, une perruque poudrée à blanc. Il pirouettait assez souvent, se balançait en marchant et de son petit doigt se grattait l'œil ; c'était une manie qui lui donnait un air original. Il était tout français d'intention, mais allemand de fait ; à cet égard, son accent, lorsqu'il parlait notre langue, ne laissait aucun doute.

Ayant à cœur de me prouver, qu'à Francfort, on donnait des bals dignes de rivaliser avec ceux de l'Intendance à Lyon, M. Gontard insista pour que je l'accompagnasse, le soir même, à une grande réunion où devait assister toute l'aristocratie de la ville et des environs. Cette proposition me sourit médiocrement car j'aurais bien préféré donner suite à une partie de spectacle projetée avec M. Bernus, mais il fallut céder. Me voici donc, tandis que Mme Gontard s'était retirée pour faire sa toilette, cherchant dans un modeste sac de nuit le plus beau de mes costumes, qui ne devait pas moins contraster par sa simplicité avec toutes les élégances du Saint-Empire.

La douillette de satin noir était remplacée par une robe de riche étoffe blanche. Les diamants sortis de leurs écrins, brillaient en épingles, en papillons, en rivière chatoyante. Je venais d'aborder Mme Gontard, les yeux baissés, tant j'étais ébloui de sa splendeur.

— Convenez, mon cher Brölemann, me dit son mari, que je vous donne une fort belle dame à conduire au bal. Allons, faites le galant, baisez-lui la main avant de partir.

Je m'inclinai et m'empressai de donner cette marque de respect à mon aimable hôtesse.

— Bravo! fort bien, mon cher, pas mal pour un Français. Nous vous formerons et achèverons votre éducation.

Rien ne caractérise mieux un bal que les cristaux étincelants de bouquets de feu suspendus à la voûte, et les joyeuses fanfares d'un orchestre planant au-dessus des danseurs. Telle était la salle où nous fûmes introduits. Dans mon éblouissement, je faillis marcher sur la majestueuse queue blanche de Mme Gontard et, de galant chevalier, devenir un fâcheux maladroit. Jugez de mon embarras au milieu de toutes ces planètes, de tous ces ordres étincelants des maisons héraldiques les plus anciennes et les mieux titrées d'Allemagne. J'examinais les rubans, les plaques, la dignité des douairières ; celles-ci étaient, en général, pâles, grandes, un peu compassées ; les jeunes femmes et les *Fröuleinen* avaient cette blancheur de perle azurée, légèrement touchée de rose, et le laisser-aller séduisant qui distingue le beau sexe en Allemagne. Les jeunes princes fixaient surtout mon attention et mon envie. Leurs culottes de drap blanc, collantes comme on les portait alors, pouvaient à peine contenir leur importance ; je me prenais à regretter de n'être pas né dans leur sphère et de ne pas porter comme eux, en sautoir, une croix d'or suspendue à quelque ruban moiré, bleu de ciel ou orange. En me mirant dans les trumeaux, ma mise si modeste me parut faire prodigieusement disparate avec toutes ces splendeurs ; cependant mon visage aurait pu, tout aussi bien qu'un autre, se greffer sur le tronc d'un landgraf ou d'un rheingraf.

M. Gontard ne me perdait pas de vue et jouissait visiblement de mon étonnement.

— Mon jeune ami, pourquoi ne dansez-vous

pas ? Tenez, voyez cette jeune et jolie petite baronne assise à côté de sa tante, Mme de…; à votre place j'irais la « prier » pour la valse prochaine.

— Monsieur, je n'ai nullement l'habitude de cette danse.

— Mais vous la prendrez, et je puis vous assurer que votre chère maman serait enchantée d'apprendre que vous avez, pour votre coup d'essai, dansé à Francfort, avec cette charmante baronne. Je vais vous conduire auprès d'elle. Venez, les choses s'arrangeront à merveille ; en valsant on fait si vite et si agréablement connaissance !

Imbécile que j'étais ! l'idée d'avoir à débiter quelques phrases en mauvais allemand à cette élégante danseuse, me cloua immobile. Il me prit un tremblement nerveux en pensant que j'allais placer ma main dans celle d'une baronne, d'une baronne allemande, et que j'aurais à lui faire la cour, pour me servir de l'expression favorite de M. Gontard. Savais-je d'ailleurs ce que c'était que de «faire la cour», et quand je lui aurais dit : Mademoiselle la baronne, me ferez-vous l'honneur de danser avec moi? si elle me refusait, c'était humiliant ; si elle consentait, que deviendrais-je ? Quelle forme de langage emprunter pour lui plaire? Lui demanderais-je où est situé son château? combien il a de tours? combien son père ou son oncle tuent de lièvres et de chevreuils chaque année? si elle se nomme Gertrude, Agnès ou Dorothée? Mais quelle indiscrétion, prendre une baronne par la main! Il fallait pour se livrer à cette témérité, avoir une plus grande connaissance de l'arbre de la science.

M. Gontard s'apercevant de la profonde impression que me causait la seule perspective d'un premier contact avec une toute petite baronne, eut la générosité de ne pas insister. Un peu plus tard, cependant, et toujours dans le louable but de travailler au développement de mes facultés, il voulut, avec une désespérante tenacité, me présenter à une comtesse plus expérimentée, qui parlait admirablement le français et qui se ferait un plaisir, dit-il, de me guider dans le labyrinthe de la contredanse que l'on formait à ce moment.

La toute petite baronne, au nez retroussé, m'eût encore moins effarouché que la grande comtesse, qui me dépassait de toute la tête et ressemblait à la Dame Blanche d'Avenel. Je refusai; je refusai non sans être cependant honteux de ma sauvagerie et sans jeter ensuite des regards de regret et repentants aux deux nobles danseuses qui m'avaient été proposées. Bientôt, le bal tirant à sa fin, je me retranchai derrière le fauteuil de Mme Gontard, pour attendre ses ordres. Elle me prit le poignet, et m'assura que dans quelques années, on ne m'offrirait pas des dames avec autant de prodigalité.

M'étais-je montré assez sot, assez bête ? Oh ! stupidité de l'innocence... J'avalai doux comme sucre les lardons de M. Gontard :

— C'est donc ainsi que vous tenez rigueur à nos belles dames, monsieur le Lyonnais; j'en écrirai deux mots à votre père.

Je ne savais que répondre, mais la nuit suivante, la toute petite baronne et la grande comtesse me causèrent, chacune, plus d'un moment d'insomnie, et le matin, en trempant dans le café au lait des petits pains exquis, blancs comme la comtesse et ronds comme la petite baronne, je me promis d'écrire à ma mère qu'il eût dépendu de moi de danser avec elles ; oh ! la vanité. Je ne manquai pas de le faire, et ma mère me répondit par un beau sermon, pour me reprocher mon manque de politesse.

Je me trouvais si bien dans la maison de M. Gontard, son excellente femme m'avait si bien appris ce que c'était que de vivre sans travail, en coq en pâte, que lorsque, le troisième

jour, on battit le rappel et que, sur la sommation de mes deux Mentors, vint l'heure de remercier cette incomparable bonne dame, je
sentis en mon cœur renaître la douleur d'un
nouveau départ.

— Adieu, mon cher Brölemann, pensez à
vos amis de Francfort, aimez-les; mais que dirai-je
à la petite baronne et à la belle comtesse?

Telles furent les dernières paroles de M. Gontard.

— Hélas! dites-leur… (je bredouillai, je m'ar-
rêtai et je soupirai tout bas, mais tout bas)
qu'elles viennent en Saxe, dans mon village,
pour me consoler et m'apprendre à danser l'allemande.

Encore une lacune dans ma mémoire! De
Francfort à Leipzig, il ne me souvient distinctement que de trois choses : de la Wartbourg, for-
teresse de la Thuringe, où Luther, recevant asile
de l'électeur de Saxe, s'était réfugié pendant un
certain temps, et où l'on montre sur les murs de
sa cellule les taches laissées par l'écritoire qu'il
crut un jour lancer à la tête du diable, qui cherchait à le troubler; du château de Gotha, domi-
nant une large rue en pente, et du champ de
bataille de Lützen. Ce dernier se trouve à peu
de distance de Leipzig. Il n'était, à cette époque,

encore mémorable que par la mort de Gustave-Adolphe. Vingt-cinq ans plus tard, il devenait le théâtre d'une lutte bien plus terrible encore. Certaines places semblent mystérieusement prédestinées à de sanglantes catastrophes. Absorbé que j'étais par ma prochaine arrivée à Leipzig et la connaissance que j'allais faire de tant de nouveaux visages, je ne prêtai qu'une médiocre attention à ces souvenirs historiques. Déjà les flèches des clochers leipzigais se montraient à l'horizon.

Le jour touchait à son déclin lorsque notre voiture passa sous une grande porte de ville ; je vis quelques rues spacieuses, des maisons basses, et bientôt dans la Peterstrasse, M. Platzmann s'élance de son coussin.

— *Platzmann! bist du wieder dà?* s'écrie une voix de femme au fond d'une allée.

C'était Mme Henriette Platzmann, à laquelle je fus présenté, après que les deux époux eurent échangé une tendre accolade...

Dire qu'elle avait le nez des Pallard, c'est-à-dire sensiblement recourbé, comme le bec d'une perruche, personne ne pourrait le contester. M. Dufour-Pallard, son père, passait pour le plus bel homme de son temps, instruit, beau parleur, ami des arts, d'une noble figure et d'une mise recherchée, il était considéré comme l'Ulysse, c'est-à-dire le plus fin des négociants de Leipzig. Ses enfants avaient de qui tenir, car leur mère aussi était une femme de sens et de cœur. Les deux aînés, Mme Henriette et son frère Ferdinand, lui ressemblaient. La seconde fille, Mme Victoire, mariée à M. Henry-Charles Platzmann, avait accaparé de ses deux auteurs ce qu'ils possédaient de plus parfait. C'est une des plus jolies et des plus aimables personnes que j'aie jamais connues. Le fils cadet, Emile, à peu près mon contemporain, ne possédait pas les mêmes avantages physiques, mais il rachetait cette disgrâce par un grand fond de connaissances et d'instruction.

Telle était cette famille, des plus honorables et des plus distinguées de la ville. Mme Henriette Platzmann, très bonne, mais peu expansive, m'accueillit avec une certaine froideur. Son appartement étant trop exigu pour que j'y attendisse, sans la gêner, l'arrivée du pasteur qui devait me conduire à Zöppen, je n'y passai qu'une nuit, et je fus, le lendemain, transféré de la Peterstrasse à la Feuerkugel (boule de feu), chez Mme Dufour-Pallard. Cette vénérable et spirituelle dame, qui me rappelait Mme Gontard, sans toutefois me permettre d'espérer autant d'indulgence de sa part si je m'avisais de ne pas suivre ses avis, se montra excellente pour moi. Je mangeai à sa table; nous allions nous promener avec son fils Emile et son gouverneur, M. Beck.

Les finances de mon père furent grevées de l'achat d'une paire de bottines si fines, si collantes, si bien lacées, que je commençais à me juger capable de danser avec les baronnes et les comtesses, tant ce cothurne me faisait la jambe fine. Monté sur une chaise, devant un grand miroir, pour mieux les admirer, je fus surpris ainsi par Mme Dufour, ce qui me valut quelques remontrances sur la fatuité. Ce sont d'amusantes journées que celles passées au milieu du bruyant trafic de la foire de Leipzig, des visages étranges, des costumes bizarres qu'elle attire. Russes, Polonais, Turcs, Asiatiques, Grecs, Chrétiens, Juifs, toutes les nations, toutes les religions, s'y trouvent représentées. Des villes environnantes, chacun arrive pour renouveler ses provisions; entassement de marchandises de tout genre, mouvement perpétuel d'équipages, de chars, de chevaux. La foire commençait lorsque nous arrivâmes. Bien accueilli par tous les correspondants de mon père, je fus revoir plusieurs fois mon compagnon de voyage, M. Lantier; je fus aussi reçu dans la maison Schletter, où j'appris à manger la soupe au chocolat et celle à la bière froide. Malgré toutes ces distractions, je n'en éprouvais pas moins des retours de tristesse, songeant à ma mère ; de l'angoisse, devant le sort qui m'attendait à Zöppen. La foire touchait à sa fin, la semaine des paiements était arrivée, lorsque M. Platzmann entra dans ma chambre.

— Auguste, me dit-il, demain, j'en suis informé, le magister Lindner et sa femme viennent passer la journée à Leipzig, je vous introduirai auprès d'eux, et le soir vous prendrez courageusement congé de nous, car il faut les suivre. Ce sont de braves et excellentes gens, qui vous traiteront comme leur enfant. D'ailleurs, vous nous écrirez et nous vous répondrons. Le plus vite vous apprendrez l'allemand, le plus court sera votre exil.

Mon pauvre cœur prit médecine en écoutant cet arrêt. Mon teint tourna au citron. Fatale et rigoureuse résolution paternelle, devant laquelle il fallait pourtant s'incliner ! Oh ! mes sœurs, que vous êtes heureuses au logis paternel, dans vos petits lits blancs, pensais-je en m'endormant.

Ils sont là ; oui, ils sont là, dans une grande salle d'auberge carrée de la Peterstrasse, occupés à prendre leur café. La Magisterinn retroussait ses longues manches pendantes, pour en verser à chacun, lorsque M. Platzmann frappa discrètement à la porte. Je le suivais, osant à peine lever les yeux, ce qui ne m'empêcha pas cependant d'apércevoir que le Magister était incomparablement laid.

Perruque de chanvre, ronde et poudrée à blanc, face rougeâtre, grêléc de la petite vérole, yeux et épais sourcils gris, nez tuberculeux, dents noires ressemblant à une grille de charbon de terre, ventre proéminent sous un vieux frac rapé, à un rang de boutons, et courtes jambes, voix doucereuse. Voici l'époux.

Maigre et sèche, l'épouse avait pu, pendant la guerre de Sept-Ans, n'être pas dénuée d'une certaine régularité de traits, mais les années y avaient depuis lors marqué leur passage. Tous deux me donnèrent la plus tendre accolade, et M. Platzmann ne voulant pas me laisser le temps de m'attendrir, battit promptement en retraite. Comment répéter ce que ces braves gens me dirent? Ils avaient avec eux leur fils unique, venu de Weissenfels pour les voir; pharmacien réputé, que sa mère adorait, que son père eût bien plus estimé si, au lieu de piler, sa vocation eût été de prêcher. Inutiles avaient été toutes les résistances. De l'homme, l'un soignait l'âme, l'autre le corps.

Quand le soleil, de ses dernières lueurs, vint colorer les vitres en face des nôtres, le fermier de la maison curiale, les cheveux lisses et réunis derrière la tête par un peigne de laiton, vint, chapeau bas, et dans sa grande redingote bleue, nous annoncer que la voiture était attelée. Alors la Magisterinn rassembla toutes ses coquilles :

— Tenez, tenez, mon bon petit garçon, me dit-elle, à présent je serai votre mère. Et MM. Morin, où sont-ils ?

Au même instant, je vis entrer deux grands jeunes Bretons de dix-neuf à vingt-deux ans, venant se rallier à nous, assurant la Magisterinn qu'ils avaient, uniquement pour lui plaire, renoncé à un bal pour lequel la fille de leur banquier les sollicitait de rester.

— Oh ! petits flatteurs, répondit-elle, allons, partons, car voici la nuit.

— *Ya, ya,* dit le mari, *und die Nacht ist keines Menschen Freund.* (La nuit n'est l'amie de personne.)

Au bas de l'escalier, nous vîmes devant nous, collée au portail, une voiture, ou plutôt un catafalque qui, par sa forme, ses rideaux, sa doublure, devait bien remonter à la guerre de Trente-Ans. Chacun s'étant convenablement placé et calfeutré contre la fraîcheur de la nuit, le fermier ayant pris possession de son siège, deux grands et gros chevaux nous firent rouler du côté de la porte de Saint-Pierre, puis en rase campagne. On dit que la nuit, dans l'ombre, tous les chats sont gris. Les Magisters le sont aussi. Quand je recevais quelques secousses dans les chemins agrestes que nous parcourions, réveillé de ma torpeur, j'entr'ouvrais les épais rideaux de cuir de notre lourd véhicule, je voyais quelques arbres isolés, des étangs, des bouquets de bois. Venaient ensuite des plaines sans limites, blanchies par la lune. La route me paraissait bien longue. La Magisterinn, sans doute pour chasser les mauvais esprits et se défendre des pièges du malin, proposa un cantique à son mari ; aussitôt nos deux respectables personnages, de concert avec le cocher, entonnèrent :

Nun ruhen alle Wälder.
(A cette heure, tous les bois reposent.)

Le chant terminé, le Magister ajouta : *Gott sey mit uns, liebe Kinder.* (Dieu soit avec nous, chers enfants.) A ce moment, nous entendîmes dans le lointain sonner minuit. C'était le clocher de Zöppen. Voilà donc, pensai-je, le régulateur de ma nouvelle vie. Une cloche n'est-elle pas une voix étrangère, puis une voix amie ?

Celle de Zöppen avait à peine frappé ses douze coups qu'une roue de moulin se mit à clapoter en cadence. L'on entendait la meule grogner. Puis passe le crieur de nuit :

> Ecoutez et laissez-vous dire
> La cloche de minuit expire,
> Gardez-vous de flamme et de feu.
> De peur de ruine pour ce lieu,
> Et loué soit le Seigneur Dieu.

Und lobet den Herren. Amen ! répéta le Magister avec componction.

La voiture avançait sans secousse dans un chemin gras et défoncé ; bientôt elle roula plus mollement encore sur la paille pourrie d'une grande cour carrée, fort mal tenue, et qui s'étendait jusqu'au perron, passablement délabré, d'une maison large, élevée seulement d'un étage. Au signal que donna le fermier, secouant ses bottes sur le fumier, la porte s'ouvrit et nous en vîmes surgir une espèce de pomme de terre à deux jambes, qui nous souhaita la bienvenue.

LE MAGISTER. — *Gute Nacht, Gustel, gute Nacht.* (Bonne nuit, Gustelle, bonne nuit.)

Ne s'avisait-elle pas de porter mon nom !

LA SERVANTE. — *Schönen Dank, Herr Magister. Gott sey Dank, dass Sie hier wieder sind.* (Grand merci, monsieur le Magister. Dieu soit loué que vous soyez de retour.)

La Magisterinn. — *Nun, ist Alles schön ordentlich zugegangen, Gustel.* (Tout s'est-il bien passé?)

La Servante.—*Gewiss, Frau Magisterinn, mit Gottes Hülfe ist die Lehmann mit einem Mädchen glücklich niedergekommen.* (Certainement, madame, avec l'aide de Dieu, la femme Lehmann est heureusement accouchée d'une fille.)

La Magisterinn. — *Eine grosse Freude für ihren Mann der schon sechs Knaben hat.* (Une grande joie pour son mari, qui a déjà six garçons.)

Le Magister. — *Schon wieder eine neue Arbeit für mich.* (Allons, déjà nouveau travail pour moi.) *Leuchte sie doch ein bischen, Gustel, dass wir uns aus dem alten Kasten helfen.* (Éclaire donc un peu, Gustelle, afin que nous puissions sortir de cette vieille boîte.) *Meine Beine sind ganz steif.* (Mes jambes sont toute raides.)

La Magisterinn. — Monsieur Morin, je souffre terriblement de mes rhumatismes. Aidez-moi.

Morin l'ainé. — *Frau Magisterinn.* Je vais vous porter.

La Magisterinn. — Pas de plaisanteries, mauvais sujet !

Moi, j'étais à terre ; je montai, tout engourdi, trois ou quatre marches, suivant le Magister. Nous sommes dans un étroit corridor ; à gauche une porte brune ouvrant sur un salon, en partie séparé d'une autre pièce par un grand rideau de serge verte, pour mieux dire, d'une alcôve servant de chambre à coucher à la Magisterinn. On ne s'arrête un moment dans le salon, tout incrusté d'une couche épaisse de fumée de tabac, que pour reprendre haleine, chacun de nous ayant besoin de son lit.

Le Magister, une chandelle à la main, me prit par le bras ; nous gravîmes un roide escalier de bois et entrâmes dans une chambre située au-dessus du salon. Nombre de vieux bouquins à couvertures de parchemin blanc gauffré, placés sur un rayonnage de sapin, accusait la bibliothèque du Magister. De là nous passâmes dans sa chambre, qui devait être la mienne et celle d'un camarade, véritable dortoir où trois couchettes formaient le principal ameublement.

— A présent, nous voulons nous mettre au lit, dit le Magister.

Tandis que je tâtai le mien, lui trouvant une cruelle ressemblance avec ceux d'Alsace, le Magister se mit en conversation mentale, et quelquefois à mi-voix, avec la céleste Providence. Une fois couché, je vis plusieurs paires de bottes, de perruques, de fouets et d'éperons suspendus à des chevilles, contre la muraille sans tapisserie et dans cet état de mortier naturel qui donne froid, même aux jours caniculaires. Puis la lumière s'éteignit et d'une voix grave le Magister articula encore dans ma direction :

— *Wohlan, dann gute Nacht; dass war ein mühsamer Tag, schlafen Sie wohl.* (Eh! bien, bonne nuit! Cela a été une pénible journée, dormez bien!)

Ce brave homme, pour ne pas perdre de temps, me donnait ainsi sa première leçon.

Le jour vint débrouiller les objets que je n'avais fait qu'entrevoir à la faible lueur d'une chandelle. Le Magister se leva en renouant sa conversation spirituelle de la veille. Soir et matin il improvisait ainsi des prières. S'étant ensuite revêtu de ses hauts-de-chausse de calamandre noire et d'une robe de chambre en indienne violette doublée d'un lainage vert, il s'approche d'un régiment aligné de pipes de Hollande, mâchurées et presque fusées par leur long service, hésita d'abord, puis souffla dans celle de son choix, y passa le doigt, et prenant une gazette, me demanda comment j'avais dormi cette première nuit. Ma réponse obligée fut véridique : parfaitement. Il m'engagea alors à me lever et se retira. En m'habillant, j'examinai avec des yeux de lynx tout ce qui m'environnait. Je remarquai surtout dans la bibliothèque une imposante batterie de livres de controverse religieuse. Dieu veuille accorder son pardon pour tout le sang chrétien que ces ouvrages ont fait répandre! Je descendis ensuite au parloir. La Magisterinn assise sur une vieille ottomane de toile rayée bleu, achevait d'assujettir son bonnet du matin. Entre les deux croisées, sur un grand panneau sombre, plus de trente silhouettes dans leurs cadres ovales recevaient obliquement les rayons du soleil.

—Voyez, mon petit ami, il faut que je vous appelle Brölemännchen, ce sera plus tôt dit, ce sont là nos enfants, des Anglais, des Américains, des Français, des Suisses, presque tous bien aimables, et qui ne nous ont pas quittés sans pleurer et sans nous donner leurs portraits. Voici Maillet, de Genève, mon favori, doux comme un agneau; Sandoz, de Neuchâtel, parlant le mieux l'allemand; votre cousin Belz, de Lyon, M. Maurice, de Philadelphie.

Suivait une brillante nomenclature, que la bonne femme débitait avec des remarques presque toujours obligeantes, adressées au souvenir de ces honnêtes écoliers. Une place, une seule place était vide, ou plutôt elle montrait un portrait retourné.

Ainsi voit-on quelquefois, dans les galeries de famille, un cadre sans peinture, indice d'une félonie dont on soustrait l'auteur à la postérité. Il était réservé au temps et à une plus grande intimité avec la Magisterinn, de percer ce mystère. Sur ces entrefaites entre M. Morin, qui dit :

— Ah ! voilà Mme la Magisterinn qui montre sa lanterne magique. Que dira-t-elle de moi quand je serai pendu ?

— Que vous l'auriez bien mérité, car vous êtes un moqueur, un, un, un... enfin un vrai Français.

Et elle devint toute rouge.

On nous versa le café ; puis le pasteur, après avoir, toujours en se promenant, fumé et bu, bu et fumé pendant une heure, s'apprêta à me donner ma première leçon. Le cher homme ne me présenta ni les hommes illustres de Plutarque, ni les œuvres de Voltaire, mais de sa douce voix m'avertit qu'il préférait de beaucoup les contes de fées ; en sorte qu'au lieu de la vie de Scipion, ce fut celle de Cendrillon que nous commençâmes. Il trouvait, disait-il, une « naïfeté » admirable dans ce conte et une foule de mots

bons et gentils à apprendte. *La Belle aux cheveux d'or, Barbe-Bleue, le Petit Poucet,* et autres
productions de ce genre furent traduites par moi,
de français en allemand. Ses autres écoliers
n'étaient guère mieux partagés. Aussi en quittant
Zöppen, n'avais-je qu'imparfaitement ébauché
la langue que j'étais venu apprendre de si loin.

Ce bon Magister, sa seule faiblesse était d'aimer à tuer les mouches, comme l'empereur Do-
mitien. Tout en fumant et se promenant, il
leur faisait une guerre à mort, et quand, de la
table ronde où nous écrivions après le dîner, on
entendait son *wieder eine* (encore une), cela voulait dire qu'une nouvelle victime venait de s'ap-
platir. Mais quel saint homme, du reste !

Ses journées se partageaient entre le soin qu'il
prenait de ses écoliers et son ministère aposto-
lique. Zöppen n'était pas la seule paroisse au
salut de laquelle il avait à veiller. Grossessen
ressortait aussi de lui. Le dimanche, à la pointe
du jour, il s'y rendait à pied, en voiture ou à
cheval, suivant que le temps le comportait, et
revenait haletant, pour monter en chaire, à dix
heures, à Zöppen ; puis, l'après-dîner encore,
un troisième service dans l'une ou l'autre paroisse. Comme il a semé la parole de Dieu sur
la terre ! Ce n'était pas non plus une petite oc-

cupation pour lui que de tenir les registres de l'état-civil, revue presque quotidienne de paysans joyeux ou désolés, d'amants impatients, de pères heureux et de cœurs navrés. En temps d'épidémie, de petite vérole, le travail redoublait ; je me rappelle une semaine où chaque jour plusieurs enfants mouraient. En quarante-huit heures un malheureux père annonça le décès de deux des siens. Soit que l'on vînt à naître, à se marier ou à mourir, chez les habitants aisés, l'usage du village voulait que la Magisterinn seule assistât aux repas qui suivaient la cérémonie. On la voyait s'y rendre vêtue suivant les circonstances, une serviette dans la poche, pour emporter les dons qu'on lui faisait. Alternativement nous mangions, car j'étais souvent son aide-de-camp, des oies grasses rôties, arrosées de larmes, ou des gâteaux joyeusement pétris. Mais qu'ils sortissent d'un berceau, d'un cercueil ou d'une couche bénie, les comestibles n'en étaient pas moins excellents pour elle.

—*Ach lieber Gevatter*, disait-elle, *dieses Fleisch hat ja einen herrlichen Geschmack und diese Stolle einen köstlichen Geruch, und wie er vorhin sagte ist die Kleine also ganz sanft eingeschlafen. Ja wohl Frau Magisterinn, Ist Ihnen nicht ein zweiter Schmitt gefällig? Abschlagen thue ich nicht gern. — Es wird*

Ihnen nicht schaden. (Ah ! mon brave, cette viande a un goût excellent ; ces gâteaux sont délicieusement parfumés... Ainsi, vous disiez que la pauvre petite s'est éteinte sans souffrances ?

— Oui, madame ! Vous offrirai-je encore un morceau ?

— Je ne voudrais pas refuser.

— Cela ne vous fera pas de mal).

La bière et les pleurs coulaient des bouquets de romarin ou de sauge que chacun emportait en mémoire du défunt. D'autres fois ce n'étaient que joyeux rires. Enfin, que l'on fût mort, que l'on fût vif, ma bonne Magisterinn ne perdait pas un coup de dent, et, entre chacun, des consolations ou des félicitations sortaient de sa bouche loquace, jusqu'à ce que la séance levée et la serviette bien remplie, nous reprissions le chemin de la cure. « Ce sont de bien bonnes gens, disait-elle », et en ouvrant la porte du parloir, on l'entendait dire à son mari :

— *Mann, ich bringe dir Butterwecken von der armen verstobenen Magdalena Wuppermann.— So, so, so.— Eine schöne Mahlzeit war es. Alles, alles, so rein, so schön zugerichtet und doch war die liebe Frau nicht mehr da !* (Mon ami, je t'apporte des gâteaux de la pauvre défunte Magdeleine Wuppermann. Vraiment, c'était un beau repas, tout si propre, si bien ordonné, et cependant la chère femme n'était plus là!)

Le Magister avait ses heures de découragement. Le dimanche soir, notamment, lorsque, dépouillé de ses vêtements sacerdotaux, il était rentré dans son écaille d'indienne brune, un bonnet de coton sur l'oreille et sa fidèle pipe à la bouche, on l'entendait pousser de profonds soupirs.

— *Ya, ya*, disait-il, *wieder eine Woche ueberstanden. Schon fünfzig Jahre habe ich trenlich mein Amt bestellt; fünfzig Jahre und beïnahe zehn tausendmal gepredigt. Und welche Witterung, guter Gott, Eiss und Schnee, Wind und Nebel.* (Oui, oui, encore une semaine endurée; depuis cinquante ans j'exerce mon ministère, cinquante ans, et dix mille sermons à peu près, et par quel temps, grand Dieu! glace et neige, vent et brouillard, *dass wird aber auch ein Ende nehmen.* — Mais cela prendra aussi sa fin.)

— *Und der liebe Gott wird es dir vergelten.* (Le bon Dieu t'en tiendra compte, lui répondait la Magisterinn.)

— *Wollte es wäre morgen.* (Je voudrais que ce fût demain), répliquait-il.

— *Das sage nicht, mein Kind.* (Ne dis pas cela, mon enfant.)

— Monsieur le Magister, voulez-vous que je prêche pour vous dimanche prochain? interrompait M. Morin.

— *Sie würden einen sauberen Pfarrer machen, Herr Morin, mich wundert was sie uns vorschwätzen thäten.* (Vous feriez un beau curé, monsieur Morin, je me demande ce que vous pourriez bien nous débiter..)

— D'abord je chapitrerais Kärlchine, je lui recommanderais de ne pas s'en aller si vite lorsqu'elle nous rapporte notre linge.

La Magisterinn. — Ce sont des impiétés, monsieur Morin; laissez ma jeune filleule en repos, ou je me fâcherai.

— Mais, madame, comment voulez-vous que nous apprenions l'allemand si vous nous refusez chaque occasion favorable de faire la conversation?

— Monsieur, je ne vous refuse pas les occasions; pourquoi n'allez-vous pas causer avec le maître d'école, un brave homme, bien plus instruit que Kärlchine, et qui vous offrirait un verre de bonne bière.

— Et qui a des bras comme des ailes de moulin à vent; c'est un véritable croquemitaine que votre organiste.

La Magisterinn. — Oui, oui, et vous vou-

driez être le croquemitaine de ma petite filleule;
je ne le souffrirais pas, monsieur Morin.

Puis arrivait le souper et, à la suite, la prière,
précédée de la lecture d'un chapitre de la Bible,
par l'infortunée Gustel, qui, harrassée du labeur
du jour, avait quelquefois le malheur de s'endor-
mir sur le saint Livre, et que le Magister rappelait
alors à l'ordre d'une voix indignée. Le chant d'un
cantique terminait la soirée.

Zöppen était une seigneurie dont le propriétaire se montrait rarement et avec lequel les
habitants de la cure n'entretenaient aucune rela-
tion. La famille d'Einsiedel possédait Grossessen.
On voyait peu les fils, presque toujours à Dresde
ou en garnison. Je me souviens cependant de
leur uniforme blanc, de leurs grandes bottes à
l'écuyère, du cliquetis de leurs éperons sonnant le
tocsin au cœur des belles, de leur dos, sur lequel
pendait une raide queue noire de trois quarts
d'aune de long. Ils portaient à la main, pour
leur servir de contenance, d'énormes pipes à
soupape, avec des tuyaux presque aussi longs
que leurs queues. La mère, qui ne quittait pas
le château, assez délabré, avait beaucoup de
bonhomie. Ses filles, au nombre de deux, Laurchen et Minchen, de même qu'une vieille tante
assez folâtre, distillaient de l'élixir de roman de-

puis l'aube matinale jusqu'à l'heure où les grenouilles, de quelques bourbeux fossés, commençaient leur mélancolique concert. Toutes trois, au grand déplaisir de la Magisterinn, roucoulaient sentimentalement avec les messieurs Morin, qui les tournaient ensuite en ridicule.

— *Ach ! gottlose Männer*, disait cette pieuse femme, *Auf's neue haben sie den Mädchen tausend Albernheiten in dem Kopf eingeriegelt. Es sind ja Fräuleinen vom besten Schlag.* (Oh ! hommes impies de rechef, vous avez mis mille bêtises dans la tête de ces demoiselles ; ce sont cependant des personnes de haute lignée.)

Mais je ne vous ai pas encore introduit aux pensionnaires de la maison, mes collègues. Indépendamment de ma personne, le royaume de France avait enrichi la cure de Zöppen des deux Morin, de Nantes, que vous connaissez déjà. Fils d'un riche armateur, qui possédait de grandes propriétés à Saint-Domingue, ils différaient essentiellement de caractère. L'aîné, Charles, était grand, ouvert, élégant, beau parleur, et m'avait pris particulièrement sous sa protection, ce qui fait que je lui étais devenu très attaché. Henri, le cadet, plus posé, plus studieux, surnommé le Caton par son frère et *der ernsthafte liederliche* (le sérieux mauvais sujet), par la Magisterinn, avait moins de franchise et de cordialité. Autant la mise de son frère était soignée, autant la sienne était négligée. Il descendait souvent, le matin, avec des bas mal étirés, retombant sur des pantoufles de maroquin vert, vêtu d'une ample robe de chambre en bazin blanc, la chemise débraillée et la cravate à peine nouée. Pour m'apprendre soi-disant à nager, il me tenait souvent de force, la tête sous l'eau, lorsque nous allions à la pêche. Charles venait alors à mon secours. J'eus l'occasion de revoir ce dernier lorsque nous fûmes arrivés à la maturité de l'âge. Ruiné par la révolution de Saint-Domingue, il était entré dans les droits réunis, mais son caractère n'avait pas changé.

A côté de ces deux Bretons, Saint-Étienne en Forez avait envoyé pour représentant un gros et blond poupart, Eustache Thiollière qui, dans ses moments de détresse, jouait de la flûte. Oh! cette flûte, comme elle attaquait ma sensibilité lorsque, malgré ses imperfections, je l'entendais jouer l'air de *Nina* ou celui de *Ma tendre Musette ;* souvent j'allais, caché sous un arbre, pleurer dans le petit jardin, au souvenir des lieux, des circonstances qu'elle me rappelait. Magique puissance de la mélodie, charme et tourment du cœur, quel empire tu exerças et tu exerces encore sur ma vie! Baume ou poignard, je te sens fouiller dans mon être, tu me ravis, tu me déchires tour à tour. Au monde à venir que nous rêvons, qui sait si la musique et les douces harmonies ne tiendront pas lieu de langue universelle. Où trouver mieux la voix de Dieu que dans ces orgues majestueuses qui remplissent l'âme de sensations incomparables? Soupirs, deuil, espérance, ferveur, allégresse, tout sort largement de leur poitrine. Quand cette grande voix s'est fait entendre, qui donc ne s'est pas senti sanctifié ? Il est cependant des hommes dont la musique ne tire aucune étincelle. Tels étaient deux autres de mes camarades, un Auvergnat et un Irlandais, dont les souvenirs sont trop insignifiants pour que j'aie besoin de citer leurs noms. Notre compagnie se complétait par un sieur Finiel, du Vigan, mon camarade de chambre, véritable Cévenol, et par un nommé Fleuret, de Genève, ayant de lui-même la bonne opinion que ses concitoyens ont généralement de leur personne. Farceur et goguenard, ne fit-il pas croire à l'Irlandais que l'eau du Rhône, sortant du lac, transparente, était bleue, et, comme preuve fit venir de Leipzig un flacon légèrement trempé d'indigo, bien cacheté et emballé comme s'il lui avait été expédié par ses parents ! Cette mystification faillit amener une scène tragique, car l'Irlandais n'entendait pas la plaisanterie.

Tel est l'intérieur où je passai près de dix-huit mois. La cuisine n'y brillait pas et justifiait les pronostics de la grosse Marion ; mais de jeunes estomacs s'accommodent de tout. A l'étude de la langue allemande se joignit, pour moi, l'instruction religieuse donnée par le Magister. C'est dans l'église de Zöppen que je fis ma première communion, que la veille, suivant le rite luthérien, je fus me confesser au Magister et lui demander l'absolution. J'étais très ému, je ne le fus pas moins le lendemain, lorsque je m'approchai de la table sainte. La curiosité avait attiré bon nombre de paysans, pour voir comment le petit Français se ferait chrétien. Ces bons villageois, je les vois encore, en hiver, dans leurs vêtements doublés de peau de mouton et le bonnet assortissant; bonnets que les femmes échangeaient en été contre des mouchoirs bigarrés, se terminant par deux larges pointes horizontales, nouées derrière le col et les oreilles.

Comme j'aimais, le dimanche, me coucher sur la pelouse , devant l'église, au grand soleil, regardant soit les queues rousses perchées sur la corniche qui régnait autour de ses murs , soit les vastes champs de seigle qui ondoyaient tout autour dans la plaine ! La pêche aux écrevisses, dans les eaux presque stagnantes de la Pleisse, la chasse aux grenouilles, formaient aussi un de nos passe-temps ; mais la meilleure distraction était encore l'arrivée du messager Lindenmann qui, deux fois par semaine, nous apportait de Leipzig les nouvelles et notre correspondance. Quelle joie de voir sortir de son luisant portefeuille les preuves palpables de la tendresse de nos parents, du souvenir de nos amis, de se mettre à l'écart pour mieux s'en pénétrer! Pour moi, c'est Lyon qui parle ; on s'occupe de l'absent ; mais déjà dix jours d'écoulés depuis que ces lignes sont écrites. Que de choses ont dû se passer depuis ; toujours une crainte angoissante vint troubler dans mon esprit le plaisir du moment. Un jour, une missive de Leipzig m'ouvre la plus agréable perspective : c'était une invitation de M. Charles Platzmann, frère de M. Pierre Platzmann, mon premier Mentor, à venir passer une semaine de congé chez lui, à Leipzig.

Allons, il fait beau temps, je marche bien, la brouette de Lindenmann me serait une ennuyeuse compagne.

— Mon ami, dit la Magisterinn, avec qui ferons-nous partir Brölemännchen ?

— Ta blanchisseuse veut justement envoyer

sa fille Kärlchine à Leipzig ; l'occasion est excellente, elle prendra sa hotte, les deux enfants ont bonne jambe.

— Est-il heureux ! ce petit coquin de Brölemann, riposta Morin l'aîné ; vous ne m'enverriez pas ainsi à Leipzig, dans la hotte de Kärlchine.

— Non certes, monsieur Morin, mais aussi Fraülein Laurchen vous attend demain pour prendre le café.

— Adorable Laurchen, c'est donc toi qui me consoleras !

Je me hâtai de faire mes préparatifs. Un modeste paquet, roulé dans des mouchoirs de couleurs, contenait l'habit vert que j'avais inauguré sous les yeux de la petite baronne et de la blanche comtesse, à Francfort. Le soleil dorait à peine, ou plutôt ne dorait pas encore du tout le coq le plus haut perché du village, celui sur l'aiguille du clocher, lorsque le Magister et la Magisterinn me remirent eux-mêmes à la garde de Kärlchine, toute fière de cette marque de haute confiance et promettant que les sentiers les mieux battus nous conduiraient du presbytère à la commerçante cité.

— Adieu ! mes chers enfants, dit la Magisterinn.

D'une fenêtre de la maison on entendit alors une voix mordante crier :

— Kärlchine, Kärlchine, prenez bien soin de ce mauvais petit coquin de Brölemann.

— Voulez-vous bien aller vous recoucher, monsieur Morin, répondit la Magisterinn.

Un grand éclat de rire, les croisées se referment et ma compagne et moi, nous eûmes bientôt franchi le sol rustique de l'habitation.

Quand les dernières maisons du village, furent dépassées, quand je vis le soleil grandissant luire dans mes boutons de métal et l'alouette matinale planer joyeusement au-dessus de nos têtes, j'éprouvai une surabondance de vie et de contentement. A peine mes pieds touchaient-ils terre ; j'étais tantôt en avant et tantôt en arrière de Kärlchine, folâtre autant que ces jeunes chiens cabriolant autour de la main qu'ils ont coutume de lécher.

Ah ! dit ma compagne, *Sie lieben unser Zöppen nicht, ʒu grosse Freude haben sie, nach Leipʒig ʒu gehen.* (Vous n'aimez pas notre Zöppen, vous avez trop de joie d'aller à Leipzig.)

—Tu te trompes, Kärlchine, j'aime tout dans ce monde, ce matin.

Si je vous racontais que nous nous amusâmes à ramasser des noisettes en route, vous seriez assez tenté de le croire, car n'avais-je pas lu dans les contes de fées, que tel était le passe-temps du petit Chaperon-Rouge ; mais je tiens, avant tout, à ma réputation de fidèle historien, et d'abord je serais bientôt convaincu de mensonge, car les noisettes ne sont pas mûres en Allemagne au mois de juillet; j'aime mieux vous dire que je cueillai deux ou trois fois de brillantes et odorantes fleurs des champs, pour les passer et repasser poliment sous le nez de Kärlchine, qui en prenait envie de rire. Nous fîmes une halte sous quelques chênes bien épais ; j'avais couru, j'étais trempé de sueur. Assise à côté de moi, la bonne fille prit son tablier et m'essuya le front. Comment ne pas la payer de retour? Marchant pieds nus, elle s'était un peu écorché la cheville. Je cours tremper le coin de mon mouchoir dans un petit étang et je revins laver la plaie. *Ach ! Sie sind gut, recht gut, Meine Mutter hat sie so sehr lieb.* (Ah ! que vous êtes bon ; ma mère vous aime beaucoup); elle voudrait bien vous parler, parce qu'elle craint que ces autres messieurs ne vous causent du mal lorsque vous allez à la pêche aux écrevisses. *Nehmen sie sich wohl in Acht.* (Prenez bien garde).

Après nous être regardés deux ou trois fois en riant, la marche fut reprise. La hotte était lourde, je voulus en décharger la pauvre fille pour un moment ; mais elle s'y refusa. Depuis qu'elle m'avait essuyé le front, j'éprouvais au fond du cœur je ne sais quel sentiment de reconnaissance pour elle, et je me sentais presque triste en pensant qu'elle retournerait à Zöppen sans moi. A onze heures nous traversâmes la ville brûlante. Kärlchine, avant d'en franchir les portes, avait remis sa chaussure. Je me présentai devant les bureaux de MM. Platzmann, avec ma jeune conductrice.

— Tiens, me dit M. Charles Platzmann en m'embrassant avec effusion, il paraît, mon cher Auguste, que ton pasteur se connaît en Mentors, à en juger par celui-là. En sorte que voilà comment tu voyages ? Je t'en félicite.

— Kärlchine me donna mon paquet, fit deux ou trois gauches révérences en me disant :

— *Kommen sie recht bald wieder.* (Revenez bientôt ! revenez bientôt.)

— On t'en donnera des Mentors de cette force, mon garçon, on t'en donnera.

Ce furent des jours de délices que cette semaine passée à la Feuerkugel (à la Boule de Feu), attaché aux excellentes familles Dufour et Platzmann. Promenades au Rosenthal, cette grande forêt séculaire aux portes de la ville ;

soirées avec de la musique dans les jardins de Richter, parties au spectacle póur entendre un récent opéra de Martini, précurseur de Mozart. M. Platzmann mettait une inépuisable complaisance à m'initier à toutes les distractions des Leipzigois et je rentrai à Zöppen les poches pleines d'agréables souvenirs. L'hiver de 1789 fut rude, bien rude, quoique s'étant fait sentir seulement après Noël. Sans Mirchen, sa petite chienne, qui lui servit de manchon et de couvre-pieds derrière ses rideaux de serge verte, la bonne Magisterinn aurait été complètement figée par le froid. Aux parties de pêche succédèrent celles de traîneau ; la musique reprit son empire. A défaut de plus habile virtuose, ce fut un tisserand qui devint mon professeur. Le dimanche il faisait danser la jeunesse du village au cabaret, et trois fois par semaine on le voyait entrer au parloir vêtu d'un vaste habit couleur canelle et son instrument sous le bras. De son exécution, ne parlons pas ; il tirait l'archet court et raide à peu près de la longueur de sa navette ; mais il avait une parfaite justesse d'oreille et me fit faire des progrès dans la mesure. J'espérais toujours qu'il me proposerait de le seconder le dimanche dans les kermesses ; mais il paraît que le Magister s'en était expliqué avec lui et qu'à ce projet un veto sévère avait été opposé. La seule musique d'ensemble tolérée, était des duos de flûte et de violon avec Thiollière, ce dont je me serais bien passé.

Le printemps de 1789 arriva lentement ; il nous enleva les messieurs Morin qui laissèrent un grand vide après eux, vide heureusement comblé ensuite par l'arrivée de sir Ellis, jeune anglais de vingt six ans, figure noble et distinguée, belle tête à la Byron, qui me prit en affection et à qui je m'attachai extrêmement. Au mois d'avril j'eus la douceur d'embrasser mon père qui traversait l'Allemagne pour se rendre en Pologne et en Russie. Il m'apporta une belle montre en or. Pour un jeune homme qui n'en avait jamais possédé c'était un soleil tombant du firmament. Cette première montre je l'ai religieusement conservée ; elle me dit présentement que les jours passent et que je dois passer. A mon petit-fils, à qui je compte la laisser, elle redira les souvenirs de son aïeul et de son arrière-grand-père, qui la régla sur l'horloge du clocher de Zöppen.

Pour employer les belles soirées de juin et de juillet, Ellis imagina de nous initier aux jeux de sa chère Angleterre. Sur la pelouse qui entourait l'église nous commençâmes à jouer le critket.

Un dimanche de juillet, tandis que nous étions lancés dans la plus animée de toutes les parties, Fleuret arrive à la course, une lettre déployée à la main, et l'étonnement peint sur la figure :

—*What is it*, M. Fleuret ? demanda Ellis. « Une très grave nouvelle qui m'arrive de Genève : la France est en pleine révolution ; la Bastille, assiègée le 14 juillet, a été forcée par le peuple, le gouverneur massacré ! »

Cette nouvelle était confirmée de Lyon par une seconde lettre que Thiollière décachetait de son côté. Le jeu cessa immédiatement. Chacun, sans en prévoir toutes les conséquences, se rendait compte cependant de l'importance de l'évènement. A peine quinze jours se furent-ils écoulés depuis cette surprenante nouvelle que MM. Platzmann m'écrivirent de me mettre en route pour Leipzig, que mon père de retour de Pétersbourg m'attendait à Berlin et désirait, avant de rentrer en France, me conduire jusqu'à Hambourg. Cet avis imprévu surexcita beaucoup ma jeune imagination. Kärlchine, cette fois ne fut pas ma conductrice. Il s'agissait d'emporter toutes mes hardes et la brouette de Lindenmann était seule en état de les contenir. Pauvre Kärlchine, je fus la voir, je lui vis répandre deux grosses larmes, et le même tablier qui sans doute, un an auparavant, avait essuyé la sueur de mon front étancha sur ses joues pâles cette double marque de sa sensibilité. Bonne Kärlchine! je l'embrassai pour la première et pour la dernière fois de tout mon cœur. — Comment avais-je fait pour ne pas lui donner plus souvent ce témoignage d'amitié? Les regrets me venaient toujours mal à propos et trop tard. C'était comme avec la petite baronne et la belle comtesse. Si jamais, je redeviens jeune, il me semble que j'agirai tout autrement, que je ferai sauter toutes les baronnes, toutes les comtesses, que j'embrasserai toutes les Kärlchines. — Le Magister et la Magisterinn me dirent ensemble :

— *Gehen sie in Gottes Nahmen, gutes liebes Kind ; mit Ihnen sind wir recht zu frieden, gewesen. Sie Kommen zur Michaeli Messe wieder und besuchen uns noch einmal ehe sie nach dem stürmischen Frankreich zurückreisen.* (Allez au nom de Dieu, bon et cher enfant, nous avons été très contents de vous. Vous reviendrez avec M. votre père à la foire de Saint-Michel, nous nous reverrons donc avant que vous ne retourniez dans votre orageuse France.)

L'un et l'autre m'embrassèrent plusieurs fois tendrement. Sir Ellis faillit me casser le bras en me le secouant maintes fois à l'anglaise ; Thiollière et Fleuret me donnèrent une affecteuse accolade.

Quand je me vis seul avec Lindermann et sa brouette mal graissée, mes regards se dirigèrent tristement vers le clocher de l'église où j'avais reçu la première bouchée du pain de vie; je portais en moi le pressentiment confus de toute une existence que chaque pas rendrait plus sérieuse. Cependant l'idée que dans peu de mois j'embrasserais ma mère et mes sœurs, et la perspective d'un bon voyage avec mon père, assoupirent peu à peu mes idées mélancoliques. Du plus loin que le malin sieur Charles Platzmann m'aperçut il me cria :

— Eh bien, notre ami Auguste, où as-tu donc laissé Mlle *Kommen sie bald wieder ?*

Pauvre Kärlchine. Cette épigramme e replaçait vivante dans mon cœur ! Mais le moyen de se fâcher avec un ami qui était d'ailleurs rempli de prévenances pour moi ! Par lui, je fus, avec toutes les recommandations de rigueur, commis un soir à la garde du *Wagemeister* (conducteur) du chariot de poste qui faisait le service entre Leipzig et Berlin. Deux nuits et presque deux jours de trajet à travers les vastes plaines de cette contrée sablonneuse sans traverser d'autres villes intéressantes que Wittenberg. Enfin le surlendemain, la capitale prussienne avec sa majestueuse porte de Brandebourg se montrait à nos yeux et j'embrassai mon père, recevant l'hospitalité chez les Lantier, famille patriarcale que la Révocation de l'édit de Nantes avait forcée à transporter ses pénates en Allemagne. Berlin, à cette époque, était encore tout rempli des souvenirs du Grand-Frédéric. L'ombre du roi philosophe planait toujours, spirituelle et menaçante sur les États qu'il avait si bien agrandis, et son successeur, remarqué surtout par ses prodigalités et ses galanteries, n'était pas de taille à diminuer ce prestige.

Ia, ya, — entendait-on dire souvent, *Wenn der Alte wiederkäme, so würde er die Ritze schön und fertig aus denn Laude herauspeitschen!* (Oui, oui, si le vieux revenait, il vous balaierait prestement la Ritje [sultane favorite] hors du pays !)

On me mena voir les palais, les églises, sans oublier Postdam où nous passâmes une journée entière, guidés par un vieil invalide tout pénétré de la gloire de son ancien monarque et portant la main au chapeau chaque fois qu'il citait une anecdote le concernant. A Pencow, résidence champêtre de plusieurs familles du Refuge, nous retrouvâmes la vieille France, s'expatriant plutôt que de subir le joug de l'intolérance religieuse. Puis, de nouveau, des forêts et des sables, des sables et des forêts; entre deux, quelques oasis complantées de beaux chênes où des chevaux en liberté paissent à l'entrée ; puis des bourgs dont les maisons pointues et en briques rouges, l'odeur de tourbe s'échappant de partout, certains types dans les physionomies, annoncent des mœurs et une race différentes de celles que nous quittions. Enfin Hambourg avec ses vaisseaux, ses jardins, ses guinguettes, le Dammthor et son grand hôtel le Kayser Hof, où notre voiture nous dépose.

Dans cette ville mon père avait beaucoup de relations. Nombreuses furent nos visites, nombreuses les invitations qu'elles nous valurent et qui ne me firent pas regretter les concombres au cumin de la bonne Magisterinn. Mais je préférais encore les soirées où, libres de tout engagement, nous pouvions aller au spectacle entendre *Azémia*, opéra traduit du français, musique de Dalayrac, ou bien Schrœder, un excellent comique. La salle et ses issues étaient assez mal aménagées, aussi était-il d'usage que les personnes placées dans les loges attendissent pour sortir que leurs voitures fussent annoncées. Un homme doué de robustes poumons se trouvait préposé à cet emploi : *Sénator X. — Herr von Chapeau rouge. — Frau von Birkenstein,* — criait-il successivement à tue-tête du parterre en se re-

tournant vers les loges. Mais quand il en arrivait aux noms étrangers, anglais, suédois, les
estropiant de la façon la plus malheureuse, c'était
alors des rires inextinguibles, et les malins restaient là, pour s'y associer. Je ne m'appesantirai
pas davantage sur Hambourg où les affaires devaient me rappeler, plusieurs fois encore, durant le
cours de mon existence commerciale.

La visite d'un vaisseau hollandais amarré dans
le port m'intéressa prodigieusement ; la lecture
de Robinson Crusoé avait laissé de profonds
souvenirs dans mon esprit ; je me voyais déjà
voyageur à la recherche d'une île déserte ; mais
mon père, plus positif, me rappelait sans cesse à
la réalité des choses.

S'explique, qui pourra, cette faculté que
l'on nomme mémoire, tour à tour généreuse
ou avare, prodigue ou stérile. Vainement
je cherche aujourd'hui comment de la ville
hanséatique nous nous transportâmes à l'hôtel
de Bavière, à Leipzig. Aucune trace, dans
mon cerveau, de la route que nous avons
suivie, des villes et des villages qui l'ont ja-
lonnée pour nous. Ce que je vois de meilleur
dans cet oubli complet, c'est qu'il n'est pas pro-
bable que je me sois entaché d'aucune grande
faute pendant ce voyage où je dois avoir beau-

coup sommeillé. Il ne me reste de vague réminiscence que celle d'un attelage royal de six superbes chevaux blancs que nous vîmes quelque part. Mais la foire de Leipzig se dessine toute vivante. L'écroulement de la Bastille y avait aussi porté son retentissement. Il n'était question que de la rapidité avec laquelle les esprits français passaient d'une exigence à l'autre, des dispositions incendiaires des paysans, dans plusieurs provinces, contre les châteaux, de toutes les menaces dont l'avenir paraissait gros. Les uns voyaient la France devenir grande et superbe, les autres redoutaient de la voir tomber dans le chaos. Tous avaient raison. La pauvre France devait préalablement souffrir cruellement pour se refondre au creuset d'une horrible et sanglante révolution. Mon père, d'un caractère soucieux, était plein d'appréhensions. Pressé de rejoindre ses foyers, il me rappela, un soir, la visite promise à Zöppen et l'engagement contracté d'y laisser ma silhouette. Le lendemain nous étions chez l'artiste qui non-seulement découpa mon noir profil avec assez de ressemblance, mais fit aussi une petite gouache pour ma mère. On la retrouvera dans les archives de la famille, avec le même habit vert, à boutons de métal, qui servirent de miroir au soleil et à Kärlchine, certain jour d'allègre mémoire. Ma silhouette dûment encadrée, un dernier jour d'automne, jour de feuilles jaunes, fut consacré à revoir la maison du Magister. Dans une calèche légère la route se dévida promptement. Je me suspendis moi-même au panneau brun, tout émerveillé de l'effet que j'y produisais et du contentement de la Magisterinn redisant vingt fois :

— *Ya, ya, dass ist unser Brölemännchen! wie doch die ʒeit vergeht.* (Oui, oui, c'est bien notre petit Brölemann. Mais voyez comme le temps passe.)

Les deux Morin étaient aussi accrochés. Je fus, seul à l'église que m'ouvrit le maître d'école, pour me retremper des souvenirs de ma première communion. Mon cœur était rempli d'émotion. En sortant, je vis mes vieilles connaissances, les queues rousses, raser les dalles de leur plumage gris, se hucher et me regarder tristement. Plus tristement encore, je tournai mes regards du côté de la maisonnette de notre bonne blanchisseuse et de sa fillette. Enfin, après un modeste repas, je me sentis pressé contre le gros ventre du Magister, étreint par les mains osseuses de sa pauvre femme ; les bénédictions me couvraient de toutes parts, jusqu'à Gustel qui pleurait et Mirchen qui se mit à hurler. Nous montâmes en calèche. C'en était fait de Zöppen. Plus ne devais le revoir dans les mêmes conditions. Quelques années plus tard j'y conduisais un de mes cousins, le mélancolique Olympe Belz. La Magisterinn avait quitté ce monde ; le pauvre vieux Magister prêchait d'une voix cassée. Gustel n'avait pas embelli. — Le pauvre Olympe! je vis couler ses larmes s'en m'en étonner et je le quittai en lui disant : « Courage, mon ami, courage »; paroles faciles à prononcer, mais difficiles à réaliser.

Pensant qu'un bon et fidèle domestique pourrait, pendant les longues nuits de novembre, nous être fort utile, mon père avait engagé un Livonien, la complaisance et la douceur personifiées, et qui se montra si dévoué que nous le prîmes en grande affection. Ce brave garçon remarquant notre prédilection pour les chiens-loups blancs, s'industria si bien qu'il nous en trouva un de la plus belle espèce. Sous prétexte qu'il nous tiendrait les pieds chauds, j'obtins pour lui une place dans notre calèche, sauf à le congédier à Lyon, si ma mère ne lui ouvrait pas les portes de la maison avec autant d'empressement qu'à son premier-né. Les jours diminuaient sensiblement, la neige commençait à tomber. Nous voici en route. La première journée fut nébuleuse, nous nous arrêtâmes à Zeitz pour dîner avec la famille Albrecht alliée à celle des Frège. M. Albrecht à la tête d'une importante manufacture d'étoffes de laine possédait une belle maison en forme d'hôtel. Sa large grille s'ouvrit au son du cor de notre postillon. Un banquet nous attendait. Combien j'étais loin de me douter que vingt-huit ans plus tard, mon fils Thierry, serait sous ce même toit, comme je l'avais été à Zöppen, pour y apprendre l'allemand ! Nous ne nous arrêtâmes pas longtemps. Le lendemain soir, Nuremberg et sa vieille architecture se déroulèrent à notre vue, comme un fantôme du moyen-âge. A Augsbourg, M. Emerich, un vieil ami de mon père, nous reçut à bras ouverts ; j'aurais eu d'autant mauvaise grâce à ne pas répondre à ses amitiés que j'entrai ensuite dans sa maison en qualité d'apprenti et y passai les années les plus cruelles de nos orages politiques. Au bout de peu de jours nous atteignîmes le sol français déjà tout en combustion. Partout on remarquait de la fermentation. Le virus révolutionnaire gagnait toutes les têtes. On préludait au renversement de tout ce qui avait existé. Dans cet ébranlement, les plus superficiels et les plus ardents ne voulaient découvrir que des symptômes régénérateurs ; mais les esprits prévoyants calculaient avec effroi les conséquences de la grande omelette qui se préparait. Mon père voulant connaître la Bourgogne et revenir à Lyon par Mâcon , de l'Alsace nous coupâmes sur Dole.

Ce premier voyage se termina pour moi, comme il avait commencé, dans les bras de ma mère. Ce qu'une mère éprouve en retrouvant son fils, elle seule peut le dire.

Le bon Livonien et le petit chien blanc furent bien accueillis et justement appréciés par ma mère et par mes sœurs ; mais le pauvre garçon étant d'une complexion trop peu robuste pour notre service, mon père lui donna l'argent nécessaire pour retourner dans son pays. Le petit Spitze partagea sa destinée. Quelques jours après j'entrai dans les bureaux de MM. Brölemann et Duport, quai de Retz , tenu d'y copier des lettres toute la journée. C'est devant les fenêtres de ce laboratoire commercial que successivement se passèrent des scènes d'horrible mémoire. Toute sécurité du lendemain s'évanouissait peu à peu. Que de fois, lorsque la crainte envahissait nos foyers, pourtant si modestes, le clocher de Zöppen ne se présenta-t-il pas à mon esprit, comme un phare auquel j'aurais voulu aborder accompagné de tous les miens !

Que de fois ne me rappelai-je pas les paroles prophétiques de sir Ellis ! Mais je ne devais pas assister aux ravages de la Terreur. Le mois d'avril 1792 me revit avec M. Charles Platzmann traversant le pont du Rhin pour me rendre à Augsbourg chez M. Emerich. Il tint à peu que ce pauvre M. Platzmann ne mourût maintes fois de colère et d'apoplexie en se voyant invité par des bataillons français, la bayonnette sous le nez, à agiter son bonnet de voyage et à crier : Vive la nation ! C'est ce qui nous arriva plusieurs fois en Alsace.

J'ai fini. — Exercez votre censure tant qu'il vous plaira sur ces souvenirs. Je vous les livre avec la modestie requise. Aucun auteur ne croit en manquer.

MES PARENTS. — MON MARIAGE.

Après avoir parlé fort longuement de mes rapports enfantins avec sept bonnes et vieilles tantes, célébré leurs gâteries et mes caprices, comment se fait-il que je n'aie jamais qu'incidemment esquissé les portraits de mon père et de ma mère? Suis-je ingrat, ou bien la modestie seule m'a-t-elle empêché de tirer de mon cœur leur éloge?

Un proverbe allemand, bien connu, nous dit que la pomme ne tombe pas loin de l'arbre, ce qui signifie que les enfants doivent nécessairement ressembler à leurs parents. De là, mon embarras ; car, si je brûle trop d'encens aux miens, c'est m'en brûler à moi-même, et, dès lors, mon témoignage deviendra suspect. Tenons donc que le proverbe allemand peut être parfois menteur, et louons mes auteurs sans rien préjuger qui me soit favorable.

Mon père, Jean-Thomas Thierry, fils de Johann-Wilhelm Brölemann et de Catherine-Elizabeth Stute, appartenait à une famille westphalienne dont le nom figure depuis le XIVe siècle sur le livre de bourgeoisie de la ville de Soest. J'ignore quels sont les motifs qui le décidèrent à venir se fixer en France ; ses parents ne l'y suivirent point et ne quittèrent jamais leur ville natale. Ils y reposent, sous la même pierre tumulaire, dans l'église de Saint-Petri. L'inscription, qui peut se déchiffrer encore, est surmontée des armoiries de leurs deux familles. Ma mère, Marie-Georgette Belz, fille d'un cornette au service d'Angleterre, était d'origine helvétique. En s'unissant à elle, mon père lui donna une double preuve d'attachement, car elle ne lui apportait pas de fortune, et, de fort jolie qu'elle était au moment où il l'avait demandée en mariage, elle avait eu, après leurs fiançailles, le visage cruellement maltraité par la petite vérole.

Leur mariage fut célébré à Nyon en Suisse, le 15 octobre 1772. A cette époque, le clergé catholique possédait seul, en France, le privilège de tenir les registres de l'Etat-civil, et les unions entre protestants n'étaient reconnues légitimes qu'autant qu'elles avaient été consacrées par lui, conformément aux prescriptions de l'Eglise. Plutôt que de recourir à des subterfuges qui répugnaient à la loyauté de leur conscience, mes parents, qui pouvaient, en qnalité d'étrangers, valablement se marier d'après les lois de leur pays natal, n'hésitèrent point à passer la frontière pour obtenir la bénèdiction nuptiale d'un pasteur professant la même religion qu'eux.

Grand et maigre, mon père avait l'œil gris-bleu, l'air affable, le teint assez frais, mais, comme sa femme, gravé de la petite vérole. Il souriait facilement, était très-actif, et marchait à grands pas, avantage précieux pour le commerce qu'il exerçait, car, dans le milieu du siècle dernier, époque à laquelle remonte la fondation de sa maison, la commission en soieries ne donnait la victoire qu'aux meilleures jambes. Honneur à ses efforts, à ses voyages, à ses fatigues ! Pére de huit ou neuf enfants, dont six lui ont survécu, il a, pendant plus de quarante années, loyalement travaillé à la sueur de son front, non certes sans éprouver de grandes contrariétés, puisque sa fortune fut presque anéantie par la Révolution. Après la Terreur, il ne lui resta que sa campagne de Saint-Didier-au-Mont-d'Or et un très-mince capital. Très heureusement le bichet de pommes de terre ne coûtait pas trois francs comme à présent. On ne s'éclairait pas de lampes

Carcel et de cent bougies dans un salon. On allait à pied à la campagne et l'on se croyait l'égal de Lucullus, en invitant ses amis à manger un brochet à la sauce blanche, une rouelle entourée de marrons, une grosse dinde non truffée et des œufs à la neige. Que les temps sont changés maintenant !.. Très absorbé par ses affaires, mon père laissait à ma mère le soin de veiller plus particulièrement à l'éducation de leurs enfants. C'est elle qui les a tous nourris, c'est elle qui fut l'institutrice de ses filles, en s'adjoignant quelques maîtres au cachet. D'une humeur enjouée, on l'entendait souvent fredonner des airs d'opéra, mais ces airs ne trouvaient aucun écho dans la bouche paternelle. Malgré cette différence dans leurs affinités musicales, il n'en restait pas moins une entente parfaite entre mes parents. Je ne me souviens pas d'avoir vu jamais éclater entre eux aucune altercation. Chez mon père, l'impatience se traduisait par un petit mouvement fréquemment répété de la langue contre le palais, tt, tt, tt,. Il le manifestait souvent contre des fabricants qui lui livraient des étoffes défectueuses, mais vis-à-vis de sa femme, de ses enfants, de ses domestiques, il restait d'une douceur parfaite. Sa mise était soignée et se distinguait toujours par une extrême propreté. Sa garde-robe abondait en beau linge, en habits de drap fin de toutes les nuances. Je lui en ai connu un couleur canelle, doublé de peluche de soie blanche avec boutons dorés ; un gros-bleu, doublé de rouge, qui est reproduit sur son portrait ; un rayé noir et ponceau. Il portait des gilets élégants, des jabots en dentelle ou en fine batiste ; au doigt une émeraude entourée de brillants ; toujours ganté quand il sortait, et un jonc à la main. Un perruquier jovial et bavard venait chaque matin le raser et le coiffer. Après s'être laissé dépapilloter et friser les cheveux tantôt en boucles sur les côtés, plus tard en large crêpe, mon père allait se poser sur le palier de son appartement, le visage enfoncé dans un cornet rose à yeux vitrés. C'est alors que le perruquier déployant d'une main agile toutes les grâces de son état, saupoudrait sa tête de frimas odorants ; puis, muni d'un petit couteau d'ivoire, ôtait avec précaution la poudre de ses tempes et formait ce que l'on appelait des *coins*.

Mes parents habitaient un modeste appartement dans la rue Puits-Gaillot. Ils vivaient à l'écart du grand monde et n'avaient jamais songé à se faire présenter chez M. l'Intendant ou chez M. le Prévôt des Marchands. Leurs relations se bornaient à quelques familles amies ; quelquefois ils assistaient à ce que l'on appelait les *semaines*, c'est-à-dire des réunions tournantes, qui avaient lieu parmi les notabilités suisses ou allemandes en résidence à Lyon, et se couronnaient chaque dimanche, en hiver, de quelques danses pour la jeunesse. Michelet soutient que la vie d'un homme d'affaires ne peut se concilier avec les veillées. Mon père abondait dans cette pensée ; après s'être accordé une demi-heure ou une heure la distraction du spectacle, il rentrait au logis et trouvait étalées près du feu, sur un fauteuil, sa robe de chambre et de bonnes pantoufles fourrées en molleton blanc. C'était alors sa meilleure heure. Pendant que ma mère faisait sauter les plus jeunes enfants sur ses genoux, leur chantait des chansons, ou leur contait des histoires, j'étais en ma qualité d'aîné autorisé à m'asseoir autour du foyer et à ne me coucher que le dernier. Mon lit était placé dans un petit cabinet de toilette attenant à la chambre de mes parents. J'y éprouvais le double plaisir d'apercevoir à travers la porte entrebaillée la lueur du brasier et de suivre le fil de la conversation aussi longtemps que le sommeil n'avait pas fermé mes paupières ; mais ce voisinage me valut aussi une des plus tristes impressions de mon enfance. Mon père partait pour un long voyage en Allemagne et en Russie; le soir nous avions pris congé de lui ; il vint ensuite m'embrasser tendrement dans mon lit ; à la pointe du jour, je fus réveillé par les grelots des chevaux de poste. Bientôt les sanglots de ma mère m'apprirent que la séparation venait de s'accomplir. Oh ! comme mon pauvre petit cœur se serra ! Je me cachai sous les couvertures en gémissant de tous les dangers qu'allait courir le cher voyageur, et je pleurai longtemps. Pour m'achever, les sons d'une flûte jouant la romance mélancolique : *Triste raison, j'abjure ton empire*, résonnèrent dans le voisinage. Cet air, en rapport avec la situation, me fit connaître pour la première fois l'ascendant de la mélodie sur mes fibres et ma sensibilité. Que de fois, dans ma vie, ne m'a-t-il pas fallu souffrir pour des impressions et des réminiscences lyriques ! Que de fois aussi les senteurs, les parfums ne nous rendent-ils pas les personnes que l'on a aimées ! Que d'ineffables jouissances, que de mystérieuses douleurs ils font naître ! Le lendemain j'allai fourrer mon nez dans la pipe de Hollande de mon père, savourant avec mélancolie une odeur qui me le rappelait si vivement. Jamais il n'a connu cet hommage discret rendu à son souvenir. Le cœur d'un enfant, dans ses sentiments les plus intimes, aime souvent à s'envelopper de réserve. Tel était le mien. Comme je voudrais pouvoir aujourd'hui remercier ma mère de ses douces caresses, lorsqu'elle me prenait sur ses genoux et me chantait une invocation à la lune, composée pour moi :

> La lune luit pour mon petit Auguste,
> La lune luit pour mon petit riri,

qu'elle me chauffait les pieds en les frottant dans ses mains devant un bon brasier ! De tous ces signes de son cœur, je n'ai pas perdu souvenance ; ils me reviennent comme de lointaines et douces lueurs de tendresse, avec mélancolie, avec cette sainte mélancolie de l'enfance tout imprégnée de Dieu. Heureux, bien heureux celui qui peut se rappeler les genoux de sa mère, le timbre de sa voix, le parfum de ses cheveux, ses larmes et ses étreintes !

Une des plus grandes journées de bonheur pour la famille, où, Benoîte, la bonne, et Marion, la grosse cuisinière, ont longtemps tenu leur place, était celle du départ pour la campagne. Quelle joie, en présence de la lourde charrette qui devait emmener à Écully les meubles, les balles remplies de linge et de vêtements ! Les longues soirées d'hiver allaient se transformer en veillées à la lueur des étoiles, sous le berceau de chèvrefeuille et de lilas. On allait entendre le rossignol; chacun aurait son petit jardin et y cultiverait ses fleurs de prédilection. Nous aurions de jeunes moineaux à apprivoiser, des hannetons à faire voler, et le dimanche dans l'allée Barretti (actuellement allée Jars) la distraction du pensionnat du sieur Giraud habillé de rouge et de vert, se livrant aux jeux les plus variés.

Oh! qu'il est doux le temps où l'enfant ne connaît ni le prix, ni la valeur des années, où il ne se rend pas encore compte qu'il soit possible de mourir! Ce temps, comme il cesse vite, comme j'en ai moi-même promptement fait l'expérience!

Lorsque la Révolution de 1789 éclata, mon père, bien que s'élevant quelquefois contre les anciens abus, se montra assez froid partisan des nouvelles réformes. Ma mère, de son côté, ne se livra pas avec autant de sécurité que le firent d'autres personnes parmi ses relations, à l'enthousiasme général. Elle pressentait la Terreur, et, si ses conseils eussent été écoutés, au moment où les assignats commençaient à perdre de leur valeur, mon père aurait transporté son établissement commercial en Allemagne, et mis ainsi sa fortune à l'abri. D'autres sauvèrent la leur et s'enrichirent même en achetant à vil prix des biens d'émigrés; mais des scrupules de délicatesse l'empêchèrent de suivre cet exemple. C'est à cette époque que remonte l'acquisition de sa campagne à Saint-Didier-au-Mont-d'Or, alors possédée par un sieur Dubost. Heureuse détermination qui créa pour notre famille un refuge précieux aux temps d'orage et lui valut ensuite une source d'agréables jouissances.

Aux jours d'illusion, à la grande fête de la Fédération qui fut célébrée aux Brotteaux, près de la Tête-d'Or, succédèrent bientôt des scènes tragiques et sanglantes. Des gardes suisses furent insultés, attaqués et massacrés. On traînait à la lanterne les jeunes gens de bonne éducation appelés muscadins, qui avaient cherché à les défendre et à réagir contre les menées révolutionnaires. Puis, vint le Siège de Lyon. Pendant cette époque néfaste, mes parents se retirèrent dans leur asile de Saint-Didier où, par humanité, ils donnèrent l'hospitalité à quelques proscrits. Mais les jacobins avaient des affidés dans toutes les communes. Partout, le jour, la nuit, on était exposé à des visites domiciliaires; le secret des lettres n'était pas respecté. Mon père, fort innocemment, avait écrit à l'un de ses correspondants que, retiré à la campagne, il y vivait paisiblement, plantant « des choux et des raves. » Cette lettre, interceptée et portée au comité de salut public ou à quelque mauvaise section, reçut cette interprétation : « Le citoyen J.-T.-Thomas Brölemann cache dans son jardin des pièces d'or et des sacs d'argent. » Son arrestation fut décidée ; sans de bons paysans, et d'autres amis qui l'avertirent peu de temps avant l'arrivée des sbires, il eût été incarcéré et vraisemblablement envoyé à la mort.

Une charitable voisine consentit à le cacher sous son toit au fond d'un réduit obscur ; il y passa plusieurs jours dans une position d'esprit et de corps extrêmement pénible, frémissant au moindre bruit. Grâce à de faux passeports qui lui furent ensuite procurés, ils passa la frontière, sous un déguisement de charretier et l'escorte d'un homme du métier, et rejoignit, à Nyon, ses fils Paul et Frédéric qui étaient en pension chez un instituteur nommé Snell. J'avais moi-même, depuis plus d'une année, été dirigé sur Augsbourg où je travaillais comme employé dans la maison de banque de M. Emerich, osant à peine échanger quelques lettres indifférentes avec mes parents. On peut se figurer facilement les mortelles inquiétudes de ma mère et de mes sœurs pendant l'aventureux voyage du père de famille. Mais ne fallait-il pas punir la femme de l'émigration du mari ? Elle aussi on voulut l'incarcérer. Avisée de l'approche des perquisiteurs, elle se jeta dans une grotte souterraine, sise à peu de distance de la maison, près de l'habitation beaucoup plus humble et plus dissimulée de *la Mollière*, où s'étaient retirées les sept tantes, pauvres filles qui, tout le jour, priaient Dieu pour le salut des opprimés, des proscrits. Que de soupirs elles ont poussés, que de larmes et de tasses de thé elles ont avalées dans ce petit enclos ! Par prudence, on tenait aussi cachées dans un autre asile, mes deux sœurs Villette et Marie-Antoinette qui étaient fort jolies. Les perquisitions et le danger se multipliant, toutes trois usèrent à leur tour de travestissements et rejoignirent mon père en passant par le Pont-de-Beauvoisin. Les tantes demeuraient seules à prier. Hélas ! plusieurs d'entr'elles devaient quitter ce monde avant le retour des émigrés.

De la famille dispersée, je fus le dernier à rentrer au gîte. J'arpentai l'Allemagne dans tous les sens, cherchant à gagner ma vie. J'étais jeune, je ne dirai pas superbe, car je me rendais fort bien compte de l'appauvrissement de ma maison, mais une imagination de 20 à 22 ans comporte une quiétude, une énergie qu'elle doit au sentiment de la force physique et à cette confiance en soi-même que les déceptions n'ont pas encore ébranlée. Il n'aurait tenu qu'à moi d'occuper une place avantageuse et de m'ouvrir une carrière très honorable à Leipzig; mais je ne voulus pas causer ce chagrin à mes parents qui tenaient à me voir revenir auprès d'eux. Déjà mon frère Frédéric les avait rejoints et travaillait avec mon père à la restauration de sa fortune.

De Leipzig, je fus à Francfort prendre mon frère Paul et nous arrivâmes à Lyon, lui après dix ans, moi après six ans d'absence. Mes parents avaient quitté la rue Puits-Gaillot et occupaient un appartement rue des Feuillants, dans la maison du Clavecin que j'habite encore. Ma sœur Willette venait d'épouser son cousin-germain, M. Belz, mariage basé sur une inclination réciproque. Ma sœur Marie-Antoinette, sans contredit une des plus belles personnes de Lyon, était promise à M. Charles Morin, de Dieulefit, et la noce ne tarda pas à se faire. Les fêtes données à cette occasion furent empreintes de la plus grande simplicité. Après tant de désastres, tant de sang répandu, la sociabilité renaissante se montrait peu exigeante. Des femmes que j'avais laissées enfants s'épanouissaient fraîches comme des fleurs après l'orage. Vêtues de blanc, ou de soie grise, les jeunes filles avaient un air de candeur qui charmait. Telle m'apparut Mlle Pauline de Villas à un bal chez la première femme de M. Evesque, devenue ensuite Mme Braun. Sa figure si bien arrondie, toute colorée de jeunesse et qui se colorait bien plus encore quand on lui adressait la parole; ses cheveux et son chignon châtains, le ruban de satin blanc qui coupait cette coiffure, ses yeux embarrassés ou souriant timidement me dressèrent un premier piège. Déjà mes parents qui nourrissaient le secret désir de me voir devenir son époux, avaient appelé mon attention sur elle. Après l'avoir saluée ainsi que sa mère, je lui parlai du temps où, toute petite, je la faisais sauter aux *semaines* avant mon départ pour l'étranger. Elle me parut ne pas l'avoir oublié, et Mme de Villas, à laquelle je ne débitai que de sages paroles, m'engagea à venir quelquefois faire de la musique dans son salon. C'est ainsi qu'en accompagnant les sonates de Steibelt, mon cœur se prit insensiblement. Je n'avais cependant pas encore osé déclarer mes sentiments lorsque mon père me parla de la nécessité d'un nouveau voyage dans le Nord pour les intérêts de nos affaires. Il fut convenu que si à mon retour mes sentiments restaient les mêmes, aucun obstacle ne serait mis de la part de mes parents aux projets que je pourrais former, et qu'en mon absence on monterait bonne garde autour de la jeune fille. Je partis donc pour l'Allemagne, le Danemark, la Suède, mais plus j'approchais du pôle glacial, plus ma flamme prenait de l'intensité. Il est vrai qu'une intéressante correspondance avec la mère de celle que j'aimais l'attisait agréablement. Aussi, peu de jours après mon retour à Lyon, étions-nous fiancés. Au mois de juin 1799 nous fûmes mariés civilement au tambour, dans l'église Saint-Polycarpe. Une conscription militaire imprévue nous avait forcés à brusquer cette cérémonie malgré l'absence de nos parents, afin de m'abriter derrière l'autel de l'hymen que le gouvernement consentait alors à respecter. Mais, par déférence pour mes parents, qui se trouvaient alors en Allemagne, nous attendîmes leur retour pour procéder à la consécration religieuse de notre union. Nous fûmes donc ainsi pendant plusieurs semaines mariés en apparence ; les facétieuses épigrammes ne me manquaient pas ; cette position amphibie-conjugale ne laissait pas cependant que d'avoir son charme : j'offrais chaque jour des bouquets avec un *crescendo* d'autorité très plaisant. Enfin, le 3 juillet, dans le salon de mon beau-père, à la Croix-Rousse, en présence des deux familles réunies, le pasteur Pierredon appela sur nous les bénédictions du Ciel. Devant Dieu et devant les hommes, Pauline était devenue ma femme.

Hélas! notre félicité ne devait pas être long-temps sans nuages. Au commencement de l'année 1800, plusieurs faillites à Nîmes compromirent la situation commerciale de M. de Villas, et le contraignirent de suspendre ses paiements. Ma belle-mère, qui possédait par elle-même une certaine fortune, dut, pour apaiser quelques créanciers, se résoudre à de pénibles sacrifices qui la laissèrent dans une position très amoindrie. Puis le 11 novembre, l'affliction et le deuil vinrent à leur tour prendre possession de la maison paternelle. Une fièvre nerveuse ataxique mit en quelques semaines fin à l'existence de mon père. Il n'avait que 62 ans, et aurait sans doute vécu plus âgé, si les soucis causés par la Révolution n'avaient affaibli ses forces physiques et morales. Selon son désir, c'est au petit cimetière de Saint-Didier-au-Mont-d'Or, sous le même gazon où reposaient déjà plusieurs des bonnes tantes, qu'il fut inhumé. Le dernier de toute la famille, assisté d'un vieux et fidèle domestique, j'avais soulevé le couvercle de son cercueil et détaché pieusement de cette tête aimée, que je ne devais plus revoir, une boucle de cheveux gris. Prise-t-on jamais mieux ce que l'on perd qu'au moment de la séparation! Quelle véritable douleur je ressentis, en donnant le tour de clé qui me dérobait à jamais la vue de cet excellent père!

Tant de cœurs sont brisés de la même manière à chaque instant dans le monde. Quelle incessante source de larmes, quel pacte mystérieux de la douleur terrestre avec l'espérance instinctive vers un monde meilleur! Sans l'idée de Dieu qui nous attend, il ne nous resterait que du désespoir.

Ma mère, dans ses crêpes de veuve, fit aussi une profonde impression sur moi. Fort désolée, elle n'en resta pas moins le centre autour duquel se groupait la famille, soit à Lyon en hiver, soit à Saint-Didier en été, et survécut 20 ans à son mari. Le 5 septembre 1820, maladive depuis le printemps, s'étant progressivement affaiblie, elle s'éteignit à la campagne dans les bras de ses filles et de sa sœur Marianne, la dernière survivante de toutes les tantes. Sa place était marquée auprès de mon père. Nous l'y conduisîmes tandis qu'une éclipse de soleil couvrait le pays d'ombres mélancoliques.

Puis il fallut partager la propriété paternelle, restée jusqu'alors le patrimoine de tous. C'est toujours chose grave et mémorable qu'un pareil partage; il donne souvent naissance à de pénibles discussions ou à des ventes plus pénibles encore. Fort heureusement l'union ne fut pas troublée parmi nous. Mon frère Frédéric offrit de la propriété un prix raisonnable qui fut accepté par tous les héritiers, et en resta chargé. Secondé par son excellente femme, il y maintient les traditions d'hospitalité pratiquées par nos parents. Si la maison a changé de maître, l'esprit de famille qui l'animait subsiste encore, et permet à chacun de nous de se retrouver sans amertume dans ces lieux si remplis des souvenirs de notre jeunesse.

SOUVENIRS. — 1813-1814-1815.

'ANNÉE 1813, cette année si fatale aux armes françaises, touchait à son terme.

L'empereur venait de perdre la bataille de Leipzig, et les armées ennemies s'avançant à grands pas vers le Rhin, menaçaient déjà notre territoire. Appelé par mes affaires à visiter Bordeaux, Nantes et le Havre, je regagnais mes foyers en traversant Paris.

Le drapeau impérial, annonçant la présence du maître, flottait sur les Tuileries ; mais tout y paraissait triste et sombre. Chaque jour annonçait de nouvelles défections parmi nos alliés ; cependant tel était le prestige qui s'attachait au nom de Napoléon que l'on n'avait pas encore perdu tout espoir de lui voir obtenir une paix honorable. Cette dernière illusion devait se dissiper tandis que je franchissais la distance qui sépare Lyon de la capitale. A la Tour-de-Salvagny, deux ou trois carrioles remplies de Lyonnais croisèrent ma voiture ; je les accostai. Grande fut ma consternation, en apprenant que la Suisse était forcée, que des légions de baïonnettes allemandes se portaient sur Genève et Lyon, que plusieurs habitants songeaient à fuir. Il n'en fallait plus douter, nous allions être envahis. Oh ! quelles heures d'angoisse ! Les esprits frappés craignaient d'horribles représailles.

Quelques gendarmes, un dépôt insignifiant d'infanterie, des chasseurs égrenés sous le commandement du général Meunier, formaient notre seule garnison. Rien n'eût empêché le général de Bubna d'entrer sans coup férir s'il se fût rapidement porté de Genève sur Lyon.

Un jour, à la barrière fermée de Saint-Clair, tombant comme de la lune, un parlementaire, un jeune officier allemand, se présente, avec une belle aigrette de plumes de coq. On avait improvisé une garde nationale composée des plus notables citoyens. Le commandant du poste lui demande ce qu'il veut :

— Hôtel-de-Ville ! Hôtel-de-Ville ! parler au maire !

Sans plus y réfléchir on lui bande les yeux :

il fait son entrée sur un cheval fringant, escorté par des fusiliers. Le peuple se rassemble sur son passage; plusieurs voix crient : A l'eau ! au Rhône ! Mais respect au parlementaire ; on se calme. L'ambassadeur arrive à la mairie , il n'adresse que quelques questions, quelques propositions vagues pour des logements, dénotant qu'il n'avait aucune mission déterminée ; on rompt toute conférence, on lui repose un mouchoir sur les yeux. De nouveaux cris : Au Rhône ! se font entendre, la porte de la ville se rouvre pour lui et le voilà galopant hors de toute atteinte.

C'était une gageure entre lui et quelques camarades.

Cet état d'angoisse et d'incertitude se prolongea jusqu'à la fin de Janvier. Alors arrivèrent, demi-nus, trois régiments d'Espagne ; des cuirassiers, entre autres, d'une admirable tenue, firent trembler le pont de la Guillotière sous le poids de leurs armures et de leurs chevaux. Grand hourra parmi le peuple; selon lui, nous étions sauvés.

Napoléon sentant bien que Lyon était un point important à maintenir préleva ce qu'il put, sans trop s'affaiblir, de ses vieilles bandes pour nous les envoyer et en remit le commandement à Augereau. C'est alors que pour enflammer la confiance on composa la *Lyonnaise* :

Napoléon, roi d'un peuple fidèle,
Nous sommes tous tes enfants, tes soldats, etc., etc.

et qu'en présence du généralissime, le soir, dans l'opéra de *Fernand Cortez*, l'acteur L'Aîné faisant marcher ses vieux aventuriers au geste de son épée et s'avançant en face du parterre criait, plutôt qu'il ne chantait :

Vous êtes tous mes enfants, mes soldats !
Allons, courons contre nos ennemis,
Et nous les compterons, lorsqu'ils seront soumis,
Et nous les compterons, lorsqu'ils seront soumis.

Des bravos, des trépignements accueillirent ces patriotiques paroles ; mais le grand nez d'Augereau, dans sa loge d'avant-scène, n'avait point l'aspect d'un nez heureux et tranquille. Sa martiale figure trahissait de sombres préoccupations.

Quelques jours après, des détachements français sortaient de la ville dès l'aube, au son plaintif d'un petit cornet. A dix heures du matin, quelques coups de canons dans la direction de Montluel nous apprirent que les deux drapeaux se saluaient. Les coups s'éloignèrent, il devenait

certain que les Français reprenaient l'offensive.
Comme les visages se rassérénèrent! Puis sur les
bords de la Saône on vit défiler d'autres phalan-
ges se portant sur Mâcon. Lyon respira. La bravoure d'Augereau, les nouvelles de glorieux
combats livrés par Napoléon, la sotte confiance
que l'on accordait à l'impératrice Marie-Louise,
l'image du petit roi de Rome que l'on considérait comme un talisman propre à arracher d'heureuses conditions de paix aux entrailles de son
grand-père, diminuaient les appréhensions et
rendaient du courage. On parlait d'une levée en
masse dans les Vosges, on amplifiait les succès
de l'empereur, on se rêvait de rechef sur le
Rhin! Comme l'on passe vite de la crainte à
l'espérance et de l'espérance à l'orgueil! Mais
le génie belliqueux de la France ne résistait plus
qu'épuisé sur le sol natal. Malgré les efforts de
nos soldats, les ennemis se renforçaient et avan-
çaient vers nous sous les ordres du prince de
Hesse et du général de Bubna.

Le dimanche matin, 3 mars, Augereau se
porte sur les hauteurs de Limonest avec son état-
major. On s'attendait à une action devant décider du sort de la ville. Inquiet du pillage auquel
pouvait être exposée la maison de campagne de
ma mère, à Saint-Didier-au-Mont-d'Or, j'y cours

en carriole pour rapporter quelques objets précieux qui s'y trouvaient déposés et je les entasse dans ma voiture. A peine étais-je remonté du vallon de Saint-André vers la grand'route de Paris que le canon gronde fortement, à coups redoublés. Rapidement l'ennemi s'approche : il repousse nos colonnes. J'ai néanmoins le temps de rentrer dans Lyon et de regagner mon domicile. La situation des nôtres ne permet plus de douter que l'heure suprême va sonner. On heurte en effet vivement à notre porte. Se présente un de mes beaux-frères, la chemise et les mains ensanglantées.

— Ils sont là, ils sont vers la Duchère, on s'y bat, je suis revenu courant à travers les vallons de Saint-Didier, transportant des blessés. Un jeune homme a eu la cuisse cassée à côté de moi !

Quelle horrible et mémorable après-dînée ! toujours le canon. Du haut de la promenade des Tapis à la Croix-Rousse, de ces vieux bastions couverts de mousse, une multitude de promeneurs hommes et femmes, voyaient distinctement sur la route de Paris les charges de cavalerie, les éclairs des armes à feu. Enfin la nuit vint mettre fin à la lutte. Les troupes allemandes s'arrêtèrent devant les barrières de la ville pour y bivouaquer. Point de contact avec ses amis ;

chacun songeait à ses dernières précautions. A
onze heures, M. de Cazenove, alors adjoint du
maire M. d'Albon, me fait dire par un messager
qu'on est d'accord avec Augereau, que d'abord
il a proposé de dépaver la ville pendant la nuit,
de répandre les troupes dans les maisons, d'en
appeler à l'énergie des citoyens, de laisser s'engager l'ennemi dans les rues, puis de sonner le
tocsin et de l'écraser sous nos meubles, sous nos
ruines ; qu'on lui avait objecté que ce serait un
acte désespéré des plus graves ; que chacun était
las de la guerre, et que s'il ne répondait pas du
succès, tout devait l'engager à ménager ses troupes, à les concentrer dans quelque position en
Dauphiné, et à abandonner la ville aux chances
d'une capitulation discutée entre les autorités de
la ville et les généraux étrangers ; qu'après avoir
d'abord résisté, il s'était cependant arrêté à ce
dernier parti, et que l'on devait évacuer la ville
pendant la nuit. En effet, à une heure du matin
j'entendis au-dessous de mes fenêtres un froisse-
ment fugitif de pas sourds et précipités. La lueur
des reverbères me permit de distinguer nos pauvres soldats cantonnés aux Colinettes, se retirant
à la hâte avec armes et bagages. Une heure
après, Lyon, dans une profonde stupeur, se
trouvait entre ses défenseurs s'éloignant et des

vainqueurs affamés. Avant le jour, une députation de la mairie, abouchée avec le quartier général du prince de Hesse cantonné au château de la Duchère, autant qu'il m'en souvient, convint qu'à dix heures du matin la ville serait ouverte et livrée aux troupes alliées, promettant d'y observer le plus grand ordre ; que l'on aurait à pourvoir promptement à des vivres et à des logements, et que tous les citoyens garderaient la plus sévère retenue.

Le sort en était jeté, nous passions sous le joug étranger.

Un beau soleil se leva derrière les Alpes ; on eût dit qu'il sortait des neiges pour assister à l'entrée triomphale des enfants du Nord dans la seconde ville de France. Combien nous eussions tous préféré un temps brumeux à l'unisson de nos sentiments !

On avait disséminé sur toutes les lignes qu'avaient à parcourir les régiments étrangers, des gardes nationaux postés à cinquante pas de distance. Je me trouvais un des plus voisins de la barrière de Saint-Clair, derrière laquelle un gros d'ennemis attendait l'heure et le signal. Enfin, au coup de dix heures, semblables à des taureaux s'échappant du toril, deux ou trois cosaques, la lance en arrêt, franchissent la barrière.

Pas une âme sur le quai, sauf nous, misérables sentinelles bourgeoises, le fusil au bras. Ces cavaliers passèrent devant nous comme des flèches. Arrivés à l'angle du port Saint-Clair et de la rue Puits-Gaillot, devant le café de la Jeune France, ils crièrent : « Hôtel-de-Ville ! Hôtel-de-Ville ! » et firent signe qu'ils voulaient boire. Un garçon cafetier leur présenta sur un plateau des carafons de liqueur avec des petits verres. Des petits verres à ces entonnoirs des steppes ! Chacun prit une bouteille, en avala le contenu, puis la jetant en l'air, piqua des deux. Quelque temps après, entrèrent des cosaques plus réguliers, chantant des airs nationaux mélancoliques, des airs à porter le diable en terre, comme disaient les femmes de boutique.

Je n'étais pas de leur avis, ces chants allaient à l'âme.

Puis arrivèrent quelques groupes d'officiers de haute naissance, de jeunes seigneurs et princes allemands, coquettement habillés, la poitrine et de hauts plumets au vent; ensuite des masses de dragons, des colonnes de grenadiers hongrois, des chasseurs du Loup, ardents patriotes de l'Empire, des Croates puant la graisse et la bête fauve, des Hessois, des Wurtembergeois. Mais un bien plus grand nombre débouchait par les

Terreaux venant des rives de la Saône. Beaucoup ne faisaient que traverser la ville et ressortaient par le pont de la Guillotière, ayant charge de poursuivre Augereau.

Après quatre heures de faction, je fus relevé et rentrai péniblement impressionné dans mon domicile.

Le peuple, retenu par des ordonnances, ne se montrait pas. Profondément blessé au vif dans ses affections nationales, il apprenait que nous étions bel et bien à la disposition de baïonnettes et de barbes étrangères. L'après-dînée fut orageuse à la mairie. L'occupation de la ville ayant été trop peu préparée, le maire M. d'Albon, qui ne parlait pas un mot d'allemand ne savait à qui entendre et comment se faire comprendre. MM. de Sainneville, de Cazenove, et les autres adjoints, argumentaient, gesticulaient, sans mieux réussir.

Les officiers autrichiens et de la Sainte Ligue criaient comme des sourds. Le lendemain mardi, même vacarme. Le maire de Saint-Didier, M. Vigière, vint me supplier de me rendre avec lui à la Mairie, afin d'obtenir par mon intercession un poste et une sauvegarde pour sa maison et son village. Par lui j'appris que, malgré une belle et pathétique pancarte en allemand, laissée par moi aux grangers de ma mère, la maison de cette dernière avait été en partie pillée. Beaucoup d'autres habitations eurent le même sort. La place de Bellecour, au bout de quelques jours, offrit l'aspect d'un vaste bazar où des marchands étrangers essayaient de vendre à vil prix ces fruits de la rapine. Je tiens à constater ces faits, afin de prouver que les Allemands n'avaient pas les doigts moins crochus que les Français, qu'ils volaient tout ce qu'ils pouvaient, et même, jusqu'aux pots de pommade et aux chandelles dont plusieurs se régalaient avec délices ; je dois aussi constater que le peuple se montra moral, qu'il empêcha de vendre et ne voulut pas acheter. Cette difficulté, des ordres sévères de la part des chefs militaires, enfin l'efficace baguette de noisetier, empêchèrent le pillage de s'organiser plus complétement. Mais revenons à ces chefs rassemblés à l'Hôtel-de-Ville et à qui je m'adressai pour obtenir la sauvegarde de M. Vigière.

Il me serait assez difficile de dépeindre l'agitation qui régnait dans les différents bureaux et surtout dans le cabinet particulier du maire. Là, M. de Bubna, dont j'aperçus la haute stature et la face brunie, tempêtait et jurait, ripostant en allemand à des colonels qui se plaignaient que leurs soldats ne pouvaient pas se laisser mourir de faim :

— Mille noms du diable, on l'a voulu. L'occupation a été trop précipitée. Dans une grande ville comme celle-ci, la peur chasse le pain. Tirez-vous d'affaire comme vous pourrez.

— Mais, Excellence !...

— Laissez-moi en repos, point de réplique et surtout point d'excès, ou vous verrez ce qui arrivera.

— Qu'est-ce que « fous foulez »? me dit un aide de camp qu'à la fin je coudoyai.

— *Ich bitte, ich wunschte eine Salvegárda für diesen Maire. — Ach so, sie sprechen deutsch ? — Ia wohl ! — Desto besser.* (Je vous prie, je désirerais une sauvegarde pour ce maire et sa commune.)

— Ah ! vous parlez allemand, tant mieux ! eh bien ! deux hommes que vous nourrirez.

Un petit officier donna un mot d'ordre au sergent du poste principal qui en détacha des fusiliers et Vigière partit.

Le lendemain, il fut question de frapper la ville d'une forte contribution et, pour en accélérer le paiement, on parlait de prendre pour otages les principaux notables. Très heureusement, qu'un Francfortois, domicilié à Lyon, l'honorable M. Berna, chez qui le général

Bubna logeait, lui fit sentir qu'une mesure semblable paralyserait tout; qu'il fallait procéder par voie de douceur et traiter régulièrement par l'entremise des autorités. Déjà quelques personnes marquantes étaient consignées à l'Hôtel-de-Ville.

Cette quinte métallique passa.

Nous devons aussi à M. Berna d'avoir sauvé la vie à un Bressan, qui, molesté par un soldat dans sa propriété et ses affections conjugales, en avait fait justice. Le coupable stationnait en face de l'hôtel Tholozan; il était menacé d'être fusillé sur-le-champ. Le peuple rassemblé manifestait son indignation par de sourdes rumeurs. L'attente était sinistre. M. Berna représenta avec chaleur à Bubna l'inconvénient de l'exaspération populaire, si susceptible de s'enflammer par des scènes de ce genre, et intercéda si bien que le parti de la clémence fut adopté, mais non sans les plus fortes menaces pour l'avenir.

Le spectacle fut rouvert par ordre militaire pour récréer les officiers de l'armée, mais aucun citoyen ne vint s'y asseoir avec eux.

Quelques mots des logements militaires. Ce n'est pas un des moindres fléaux de la guerre que cette hospitalité forcée. Je n'eus cependant pas trop à maudire Bellone des héros qu'elle m'adressait. Au premier contact, je me trouvais il est vrai, en présence de visages grincheux, disposés à l'exigence, et prêts à s'installer en vainqueurs dans mes foyers. Mais aussitôt que sortaient de ma bouche quelques paroles allemandes, les fronts s'épanouissaient : *Ach so, der Herr spricht deutsch.*

— Ainsi monsieur parle allemand.

Ce qui impliquait cette pensée de leur part que rien ne leur manquerait.

Il m'échut d'abord quatre jeunes soldats wurtembergeois, au teint fleuri, que j'établis dans une petite chambre d'une grande propreté à côté de mon salon, couchés sur des matelas. Je les entretins de la Souabe, d'Augsbourg que j'avais habité, je fis mettre une grande cafetière sur le feu pour leur donner du café *ad libitum.* Ils ne restèrent que deux jours sous mon toit, le second, ils se seraient fait tuer pour moi; et ils partirent en me serrant la main, m'ayant décliné le nom de leurs villages. L'un d'eux était de Geisslingen ; je lui arrachai des larmes en lui montrant un étui en os travaillé à jour que j'avais rapporté de ces régions. Ils eurent pour successeur un officier d'artillerie de la Basse-Autriche, homme sec et sérieux, fort mélancolique et fort peu exigeant.

Il fut mon commensal à table, soupirait après sa famille. Cet homme sans entraînement pour la guerre, faisait mathématiquement son devoir et tuait des hommes comme un manœuvre fend du bois, au service de son maître.

— Ah! me disait-il souvent, puissé-je être bientôt de retour chez moi! Mon idée fixe est que je serai empoisonné en France.

— Vous ne connaissez pas le pays, lui répondis-je, buvez et mangez tranquillement partout. On vous tuera si l'on peut à coup de sabre ou de fusil, mais pour vous empoisonner, jamais; ce n'est pas dans notre caractère.

Un jour, je me crus destiné à héberger un jeune prince, mais, au lieu de sa personne, me vint un très aimable billet de sa main, par lequel me prévenant qu'il préférait *l'Hôtel du Nord*, il recommandait à ma bienveillance et même à mon indulgence un sien vieux serviteur un peu maniaque, qui l'avait bercé dans son enfance et suivi par dévoûment; il me donnait à entendre que ce brave homme n'avait pas inventé la poudre et qu'au moindre motif de mécontentement qu'il me donnerait, j'étais prié de l'en informer. Mon Sancho ne tarda pas à se présenter, et si jamais j'eus besoin de contenir mon hilarité, ce fut en voyant une espèce d'Esope dans l'attirail des chasseurs du Loup, jaquette verte, ceinturon noir, courte épée, casquette avec une queue de renard et une petite aigrette de coq ; du reste, se grandissant d'un impertubable sérieux, et se promenant avec circonspection dans mon appartement, comme un homme à qui il importait d'assurer sa précieuse existence contre toute embûche. Il était de Francfort. Jugez de ma surprise le lendemain, en apprenant qu'il se livrait dans sa chambre à un paroxisme de fureur et que, jurant devant son lit, il enfonçait sa courte épée dans mes matelas. Je le tins d'abord pour fou et le billet du prince accréditait cette suspiscion.

Ce ne fut donc qu'avec une extrême précaution que j'entrouvris la porte qui joignait de près le lit maltraité.

— Mais au nom du Ciel, mon brave homme ! à qui en avez-vous et que vous manque-t-il ?

— Bon, bon, que vous venez, monsieur. Imaginez à moi, à moi de Francfort, de la ville libre et impériale de Francfort, on a dit que j'étais un lâche, un imbécile ! Ah ! vengeance, maudits gendarmes !

Et de rechef je vois mes matelas en danger d'être éventrés. Enfin, ce ne fut pas sans peine que je démêlai à travers ses imprécations que le malheureux, ayant été promener sa triste et ridicule figure à la porte de la caserne de notre gendarmerie, s'était attiré une foule de quolibets ; que, trop faible et trop peu courageux pour y répondre, il avait battu en retraite, et que, revenu chez moi, il faisait jour à sa colère par cette extravagante pantomime.

Comme, nonobstant toutes mes objections et le rappel au calme, il persévéra à en vouloir à la laine de sa couchette, je pris le parti d'avertir son prince qui le fit réprimander par un garnisaire. Alors, nouvelle scène ; mon homme, saisi de terreur et de respect, ne sait plus où se cacher. Il doit partir le lendemain à l'aube ; il ne soupe pas ; on allume une veilleuse dans le vestibule ; à trois heures nous l'entendons arpenter nos corridors, il ouvre discrètement la porte d'entrée principale, la referme de même, nous laissant pour gage dans un lieu de profonde solitude, son shako oublié la veille et que dans sa frayeur il n'avait su retrouver. A côté de cet original, je dois citer comme un modèle de joviale patience, un quartier-maître d'origine saxonne que nous enfermâmes par mégarde à neuf heures du matin en partant pour la campagne, le croyant sorti, et que nous retrouvâmes le soir à jeun, n'ayant pas même osé fourrager dans notre office. Sa seule préoccupation était de justifier son absence à l'appel, et il me pria de l'expliquer.

Que j'achève ce tableau des logements militaires par les doléances d'une dame que je ne connaissais point et qui m'accosta tout effarée dans la rue Puits-Gaillot, pour me supplier de monter chez elle et de faire entendre raison à un petit lieutenant d'origine polonaise qui prétendait trop bien la traiter. Ma verte réprimande et le changement du billet de logement dissipèrent l'effroi de la pauvre dame qui n'eut point à se poignarder.

Somme toute, je n'eus pas trop à souffrir de l'impôt des logements militaires ; il est vrai de dire que nous n'avions en ce moment à Lyon que des Autrichiens ou des Allemands du sud, mais point de Prussiens.

Les chefs de l'armée n'en persistaient pas moins dans leur dessein de lever de fortes contributions. Bubna en revenait toujours là. C'étaient de continuelles récriminations sur les spoliations faites par les Français à Vienne et partout. On cherchait à l'apaiser ; on donnait, on fournissait, mais à vrai dire le moins possible. Pour empêcher ses soldats de se griser, on mettait force eau dans le vin ; ils s'en aperçurent et se fâchèrent. Craignant que la situation ne se tendît davantage, la municipalité conçut alors le projet d'envoyer une députation à Dijon où résidaient l'Empereur François II et M. de Metternich.

Je ne sais si ma bonne tenue sous les armes m'avait fait distinguer, mais tant est, que je reçus une missive close du cachet de la ville et sous son gros lion. Elle était à peu près conçue en ces termes :

« Monsieur,

« La connaissance que vous avez de la langue allemande, votre zèle bien connu pour les intérêts de la ville, ont décidé M. le Maire et son Conseil à vous prier de vous adjoindre à MM. de Laurencin et Camille Jordan qui partiront après demain pour le quartier général de S. M. l'Empereur d'Autriche présentement à Dijon. Vous serez escorté par M. le capitaine de Bavière. Il s'agit d'implorer des allégements. Votre refus semble impossible et ne serait pas accepté. »

J'étais collé sous bande, comme on dit.

Peu après cette obligeante et ennuyeuse marque de distinction, se présentèrent dans mon appartement mes deux collègues désignés, qui me fermèrent la bouche par les plus aimables politesses, si bien qu'aucun refus ne put en sortir. Le départ fut fixé pour le surlendemain, le rendez-vous chez M. Jordan ; et un lundi, autant que je puis me le rappeler, nous montâmes, accompagnés de notre escorte, dans une grande berline et nous partîmes, aux frais de la ville, avec quatre chevaux et deux postillons. Pauvre ville ! comme tu étais dolente et comprimée ! comme ces postes d'uniformes étrangers te donnaient de la mélancolie ! La température pourtant était belle. Le printemps se faisait déjà chaudement sentir ; les premiers oiseaux chantaient. Nous suivions la route qui, peu de jours avant, servait de champ de bataille, et passâmes devant le chemin escarpé conduisant aux campagnes de Vermont et de la Roquette, où tant de morts s'étaient entassés. Dans plusieurs endroits, bien des traces douloureuses ; de distance en distance, semés dans les champs, autour de brasiers allumés, des bivouacs formaient des postes de correspondance. Sur la route, des traînards.

Mais n'est-il pas à propos de vous esquisser mes trois compagnons de voyage ?

M. de Bavière, un gros réjoui, épais de corps et passablement d'esprit, portant des épaulettes à la hauteur de ses oreilles et son sabre bien redressé sous le bras, aimant à plaisanter, appartenait, par sa famille, aux cadres autrichiens, depuis l'émigration. Il n'était ni bien allemand ni bien français.

M. de Laurencin, grand, osseux, beau parleur, ne dissimulant point ses sympathies pour les temps chevaleresques ; du reste, fort poli et d'excellente compagnie.

M. Camille Jordan. Presque chacun connaît sa belle carrière parlementaire, caractère consciencieux, libéral et sage dans ses vues politiques et religieuses, parlant avec une extrême pureté de langage, d'un port élancé, d'une figure spirituelle et douce, celle d'un homme de bien, l'antipode de tous les excès.

Notre voyage fut aussi gai que le comportaient les circonstances. La conversation ne tarissait pas. Que de conjectures formées sur la manière dont le drame du moment se dénouerait ! Point n'était encore question des Bourbons. Nous faillîmes perdre en route M. de Bavière, l'ayant laissé en arrière à Beaune, tandis que nous le croyions devant nous, se promenant à pied sur la route, pour digérer un bon dîner.

Cette aventure nous coûta une heure. Nous arrivâmes assez tard, le second jour, à Dijon. M. de Bavière fut prendre langue pour faciliter nos démarches du lendemain.

La nouvelle de l'arrivée de trois députés de Lyon circula promptement dans l'hôtel. Il régnait, à Dijon, parmi les troupes autrichiennes, un certain air morne dont l'aubergiste nous entretint et qui attira notre attention. Je fus chargé par mes deux collègues de prendre des informations. J'appris en effet, par des personnes auprès desquelles j'étais recommandé, que les officiers supérieurs étaient visiblement préoccupés et que depuis le matin les bagages rétrogradaient.

Ces renseignements fournirent matière à plusieurs conjectures qui occupèrent l'ambassade lyonnaise fort avant dans la nuit.

Le lendemain, pendant que nous déjeunions, M. de Bavière nous prévint que le prince de Metternich nous recevrait à onze heures.

Son Excellence habitait, au fond d'un jardin, une maison d'assez modeste apparence. Nous fûmes annoncés et bientôt en présence de cet adroit diplomate, dont le sourire nous accueillit avec une grâce toute particulière.

Sa tête était poudrée, ce qui ajoutait à sa douceur et à la finesse de ses traits. Son habit, bleu foncé, à boutons unis dorés. D'abord quelques saluts. Puis, M. de Laurencin portant la parole, se rendit l'interprète de notre mission, des alarmes et des vœux de la ville de Lyon, toute confiante en la clémence de l'empereur d'Autriche et du puissant et généreux appui qu'elle espérait trouver auprès de M. de Metternich.

— Comment, messieurs, pouvez-vous en douter? Nous ne faisons point la guerre en Vandales. Lyon est une ville tout européenne. Son industrie appartient au monde entier. Elle mérite sans doute une protection spéciale, et s'il est pourvu aux besoins pressants de notre brave armée, les exigences n'auront rien de trop oppressif. Je crois connaître les dispositions de Sa Majesté. Vous en jugerez vous-mêmes en sollicitant une audience, qui vous sera, je n'en doute pas, accordée. Je sais que tel est votre désir, et, demain matin, vous serez fixés sur l'heure de cette présentation.

Nous lui exprimâmes combien nous étions flattés de ces bienveillantes dispositions.

—Messieurs, dit-il, après s'être plus intimement adressé à chacun de nous, nous pouvons causer en famille. De grands liens subsistent entre la France et l'Autriche. Nous ne faisons point la guerre à votre nation, mais à l'ambition de l'homme extraordinaire qui la gouverne. La paix du monde est nécessaire ; son tempérament semble s'y opposer, et quelque pressantes qu'aient été les recommandations, les offres et les sollicitudes de l'Autriche, la guerre est tellement son élément qu'il faut le vaincre. Nous n'avons aucun ressentiment personnel contre lui. Ses procédés pour l'impératrice ont été parfaits ; mais de hautes, très hautes considérations nous pressent et nous dirigent. La partie est si fortement liée qu'il est difficile de prévoir quelle en sera l'issue. Nous ne devons pas tarder à recevoir des dépêches de la plus haute importance. Les alliés sont en force devant Paris.

Quelque ton d'assurance que prît M. de Metternich en nous parlant, on voyait poindre sans cesse une préoccupation, une inquiétude, une pensée inexpliquée. Nous lui représentâmes que ce que nous désirions principalement, était de voir Lyon affranchi des logements militaires, incompatibles avec l'exiguité des appartements.

— L'on avisera, messieurs, et vous aurez à pourvoir à des casernements. Au demeurant, les plus grands ménagements seront intimés à M. de Bubna. Nous ne voulons pas faire peser sur vous les mêmes calamités qui, pendant si longtemps, écrasèrent l'Allemagne.

La conversation se porta sur plusieurs épisodes de la dernière campagne, sur le rare talent avec lequel Napoléon se multipliait.

—Cette dernière partie d'échec est admirable,

continua M. de Metternich. C'est un homme de fer, incomparablement doué. Oh! j'ai eu souvent d'assez violentes altercations avec lui. Avant la bataille de Prague surtout, les plus vives instances lui furent adressées de ma part, sur la nécessité d'en finir. Quelles belles propositions il a refusées! Nous lui laissions le Rhin pour limites, l'Italie; il devait renoncer à la Hollande, au royaume de Westphalie.

Ma mémoire, ici, pourrait ne pas bien me servir; je ne préciserai aucune des autres conditions énumérées par M. de Metternich; mais, ce que je me rappelle fort bien, c'est que, nous retraçant une de ses dernières conférences avec Napoléon, il fut question d'un chapeau tombé par terre, que M. de Metternich crut au-dessous de sa dignité de ramasser, ce qui parut affecter vivement l'empereur, finalement contraint à le relever lui-même.

Puis il nous dit qu'arrivé aux dernières limites de leur discussion, Napoléon s'obstinant et ne voulant pas céder, finit par lui saisir le bras et, avec un sourire fin:

— Non! non! non! monsieur de Metternich, vous ne me ferez pas la *guerre*, appuyant sur ces mots.

— Votre Majesté se fait illusion, répondit M. de

Metternich ; elle peut être certaine que nous *la lui ferons*, et c'est avec regret que je me vois forcé *d'insister sur ce point*, que si, avant minuit, notre ultimatum n'est pas accepté par elle, quelque répugnance que nous y mettions, quelque regret que j'en éprouve en mon particulier, une rupture entre la France et l'Autriche devient inévitable.

— Monsieur de Metternich, vous ne me ferez pas la guerre, répéta-t-il de nouveau en riant et en s'éloignant.

J'en fus et demeurai consterné pour lui. A minuit, terme fatal expiré, toutes négociations furent rompues. Nos drapeaux devinrent ennemis.

L'abandon plein de bonhomie apparente avec lequel le ministre autrichien nous parla avait quelque chose de séduisant.

On eût dit qu'il désirait persuader les Français de la sincérité, de la bonne foi qu'il avait mises à empêcher Napoléon de tomber dans l'abîme.

— Il faut gémir, messieurs, de son obstination. Une si grande et brillante destinée compromise ! Mais quelle tête ! quelle tête ! quelle tête !

De nouvelles assurances de bienveillance et le désir exprimé de nous revoir le lendemain à la même heure, terminèrent l'entretien. Nous nous éloignâmes de la chancellerie le cœur plus léger. Tout était calme dans Dijon. Tout demeura pâle et indécis pendant cette journée. M. de Montherot, que nous rencontrâmes, nous invita, pour le surlendemain, à dîner chez sa belle-mère, Mme de Nogent.

Mes collègues écrivirent à Lyon ; je revis mes correspondants sans apprendre d'autres nouvelles. Nous fûmes poliment nous inscrire chez lord Castelreagh, M. de Stein et M. de Wetterstedt.

Le lendemain devait être pour nous un de ces jours mémorables, qui laissent de profonds souvenirs dans la vie. Dès l'aube, nous apprîmes que certaine satisfaction perçait sur les visages des maîtres de la ville. L'aubergiste nous en donna la nouvelle. En nous rendant chez M. de Metternich, nous vîmes des groupes d'hommes âgés, dont le langage et les gestes rappelaient l'ancienne Cour. Le bruit de l'entrée des alliés à Paris, quelques rumeurs vagues du retour des Bourbons circulaient déjà parmi les groupes.

M. de Metternich, lorsque nous entrâmes, se promenait fort agité. Sa contenance d'étiquette était complétement en défaut.

Il me fit l'effet d'un homme prêt à danser la

gavotte, mais ne sachant pas encore sur quel air il la danserait.

— Messieurs, nous avons d'immenses évènements, nous dit-il. Nous sommes maîtres de Paris, grâce au ciel, sans coup férir. On s'y agite beaucoup. On parle de démonstrations en faveur de la maison de Bourbon. Les habitants de la capitale semblent se prononcer pour elle et la rappeler.

— Mais l'impératrice! mais le roi de Rome! objectâmes-nous. L'Autriche consentirait-elle à ce détrônement?

Le père prêtant la main à l'expulsion de sa fille, de son petit-fils, se présentèrent d'abord à mon esprit comme des impossibilités. M. de Metternich ne voulut pas en dire davantage. M. de Laurencin, qui ne dissimulait point sa satisfaction de voir refleurir les lys, lui demanda en quels termes nous devions parler de ces évènements à l'empereur François.

— Avec une certaine discrétion, mais avec franchise. Vous vous mettrez au niveau de son caractère. Votre tact vous guidera, messieurs; Sa Majesté vous recevra avec bienveillance, vous serez contents d'Elle. Exposez-lui avec chaleur les anxiétés de Lyon. Sa bonté fera le reste.

— Et Napoléon, où est-il? Que fait-il?

— Il s'est retiré à Fontainebleau.

Nous nous inclinâmes et prîmes congé, très émus de cette conversation.

La nouvelle de ce qui se passait à Paris ayant de plus en plus circulé et monté les têtes grises ou poudrées de la vieille aristocratie, nous fûmes entourés par de riantes figures. Le chapeau rond de quelques-unes portait déjà, pour signe de ralliement, des cocardes blanches improvisées, en ruban et même en papier. Je ne pouvais y croire qu'en me frottant les yeux.

Tout devenait confus autour de moi. Mon esprit prompt à l'anxiété entrevoyait de nouvelles tempêtes, de nouveaux appétits à satisfaire, des haines, des revendications contre lesquelles il faudrait lutter. On essaya de nous persuader que les représentants de la seconde ville de France devaient spontanément, et sous les yeux même des alliés, faire une démonstration pour appuyer celle de Paris ; mais M. Jordan, d'accord avec moi, fit sentir à M. de Laurencin qu'il nous convenait de garder, pour le moment, une stricte neutralité ; que proclamer, sous les fenêtres de l'empereur d'Autriche, au nom d'une ville tombée en sa puissance et connue par ses sentiments napoléoniens, l'exil de sa propre fille, alors que rien n'était décidé, serait tout au moins intempestif.

A quatre heures du soir, nous montions le grand escalier d'un hôtel au bas duquel un poste de moustaches hongroises semblait dire : « C'est ici que demeure le petit-fils de Marie-Thérèse. »

Un chambellan, le comte de Wrubna, si j'ai bonne mémoire, nous introduisit dans un long et étroit cabinet tendu de damas vert. Là, debout dans un angle, en redingote gris-bleu, modestement botté de noir, nous reçut le pâle et fluet descendant de la maison de Habsbourg-Lorraine. Inutile de vous tracer sa figure, si parfaitement ressemblante sur toutes les pièces de 20 kreutzer du Saint-Empire.

Nous le saluâmes respectueusement, et lui, se courbant légèrement, nous fit, de la main, un petit geste amical. Ici je dois suspendre mon récit pour vous informer que peu avant de passer le seuil de l'hôtel, M. de Laurencin nous arrêta et nous demanda lequel de nous porterait la parole.

— Mais vous, monsieur, répartit M. Jordan.

— C'est bien ! Mais alors notre humble requête exprimée et les intérêts de la ville de Lyon mis au cœur du souverain, que lui dirons-nous de relatif à la situation politique des choses ? Ne pensez-vous pas qu'il sera bon de prendre l'initiative sur ce point ? Lyon étant en sa possession, notre question ne saurait le choquer. Demandons-lui nettement ce qu'il pense faire de sa fille. Y voyez-vous quelque inconvénient ?

— Non, sans doute, monsieur, faites-le seulement sans rien laisser apercevoir de nos affections personnelles, et comme le consultant sur l'attitude que nous devons prendre à notre retour.

— C'est précisément ma pensée.

François II se fit l'écho de M. de Metternich. Ce que celui-ci nous avait dit de l'intérêt qu'inspirait Lyon sortit avec bonhomie de sa bouche impériale. Il promit peut-être plus qu'il ne dépendait de lui de tenir, car son œil n'était pas assez sévère pour contenir ses généraux. Pourtant, il faut en convenir, les coups de rabot que ceux-ci nous donnèrent furent assez supportables. L'empereur se servit d'expressions flatteuses en parlant de M. Jordan. Il me questionna sur mon origine, qui lui semblait devoir être allemande. Je lui dis qu'un de mes frères avait momentanément compté au nombre de ses sujets, ayant été pendant quelques années maître de la seigneurie de Rutzendorf.

— *Ach, ja,* me dit-il en allemand, *in dem Marschfeld !*

154

— Oui, Votre Majesté.

Pour lors nous avions à aborder la question délicate. M. de Laurencin, après avoir deux fois retourné son chapeau, lui exposa combien nous étions étonnés des bruits étranges venant de Paris ; puis, se donnant un dernier élan de courage :

— Votre Majesté, ajouta-t-il, pardonnera à notre sollicitude si nous osons lui demander quels vœux, quelle volonté, nous devons transmettre, de sa part, à nos commettants.

Ici l'empereur se dandina d'une façon encore plus accentuée qu'il ne le faisait habituellement, et sa réponse brève et concise fut :

— Il faut voir, messieurs, ce que décidera le Sénat.

Après nous avoir itérativement promis de donner des ordres pour que Lyon fût traité avec modération, il fit un geste qui signifiait que l'audience était terminée. Nous le saluâmes encore plus bas qu'à notre entrée et nous nous retirâmes, la gibecière intellectuelle bien remplie de sujets de conversation et de discussions.

Quelques notabilités françaises se trouvaient présentes à Dijon ; la plus saillante était M. Mathieu de Montmorency, que j'avais déjà rencontré aux bains d'Aix-en-Savoie. A l'expression fine et mélancolique de sa tête, il ne manquait qu'une auréole pour figurer un saint François. Il était accompagné de M. de Sabran.

Tous deux avaient déjà eu des rapports avec M. Jordan. Nous improvisâmes ensemble un dîner que je tiens pour un des plus intéressants de ma vie.

M. de Montmorency, assez confus des erreurs politiques de sa jeunesse, se préparait à aller rejoindre le comte d'Artois à Nancy. Il parlait avec attendrissement de sa bonté et de la joie qu'il aurait de se mettre à ses pieds. M. Jordan, prévoyant les conséquences des évènements, exposait ses espérances, ses désirs, mais aussi ses craintes :

— Faites bien comprendre à Monsieur que le passé ne doit plus rien être à ses yeux, qu'un mur d'airain l'en sépare, que le siècle a de nouveaux besoins, que sa pensée soit la nécessité de la liberté de la presse et de celle des cultes religieux. Plusieurs siècles d'idées ont passé sur la France depuis qu'il l'a quittée. Sans doute de vieux et nobles cœurs l'accueillent avec transport, mais ceux qui sont jeunes ne le connaissent point. J'ose vous supplier, monsieur de Montmorency, de vous rendre l'interprète de nos convictions ; je fais plus, j'ose croire que sortant d'une âme toute française, toute sincère, le prince les partagera. Sans ce dépouillement du vieil homme politique, il est aisé de prévoir de grandes luttes. Que M. le comte d'Artois ne nous rapporte donc que son bon cœur.

C'est sur ce ton que M. Jordan donnait cours à ses vœux. Il ne se doutait pas que Louis XVIII, au sein des brouillards d'Angleterre, les avait à peu près réalisés, qu'il reviendrait, une Constitution toute prête dans sa poche, distraire par de nouvelles formes gouvernementales, les Français de leur engoûment pour les fastes militaires de l'Empire.

Laissons au temps le soin de nous développer ces projets et prenons le café aves mes aimables convives. Aussi bien est-il temps d'aller au spectacle pour assister à une représentation du *Déserteur*.

La salle de Dijon, assez petite, se trouvait comble. Bigarrure complète de diplomates, de généraux, d'officiers de tous grades, de tous pays, de plumets, de dorures. Des décorations sur presque toutes les poitrines et jusqu'à de vieux rubans fanés des anciens Ordres français, accrochés à la hâte.

Où trouverai-je des pinceaux assez habiles pour vous peindre ces serviteurs de l'ancienne monarchie faisant assaut de contentement, s'agitant sous leurs cheveux poudrés, tendant le jarret à le faire craquer, rêvant la renaissance de leur fortune?

Au signal d'un maigre orchestre, on les voit qui entonnent :

Vive Henri IV! vive ce roi vaillant!

Ces pauvres vieux chanteurs, sous leurs cocardes blanches, semblaient bien revenir de l'autre monde ; mais comment, même sans se joindre à des espérances qui pouvaient amener tant de perturbations, ne pas rendre hommage à cette explosion de fidélité toute brûlante d'anciens souvenirs et de traditions de famille !

Bientôt la pièce commence. Tout ce qui prêtait aux allusions fut relevé avec enthousiasme ; jamais la furie française ne fut plus flagrante ; mais lorsque l'acteur se mit à chanter d'une voix éclatante :

Le roi passait, tambour battait, etc., etc.,

alors, plus moyen de retenir même les moins ingambes. On vit la scène escaladée, des membres infirmes se redresser, les chapeaux en l'air s'agiter, tournoyer, tout l'ancien régime se mettre sur la pointe des pieds, répéter en chœur, s'égosiller :

Le roi passait, tambour battait,

et répandre de pieuses larmes ; car il y avait de la piété dans ces larmes. Pour ne pas refroidir ce tableau, nous baisserons la toile.

Dans l'attente des décisions du Sénat, nous n'oubliâmes pas, le troisième jour, d'aller prendre congé de M. de Metternich et de nous représenter aux diverses ambassades. Nous fûmes saluer lord Castelreagh, le sombre et antifrançais de Stein, personifiant la Prusse, puis le Suédois de Wetterstedt.

Lord Castelreagh était radieux ; il fit sur moi l'effet du maître de la baraque à Polichinelle, faisant mouvoir tous les fils des marionnettes.

Son long nez, son visage osseux, sa haute stature, tout prêtait à l'illusion et l'assimilait à Polichinelle lui-même, s'ébattant en cris et en ris d'allégresse. Le triomphe évident de ces chancelleries étrangères n'indiquait-il pas à tout Français, sans prévention, le déclin du rang et des honneurs de la patrie ?

Que ce soit une chimère que ce rang et ces honneurs, c'est possible, l'Evangile à la main. Je relate simplement des faits et des impressions. Elles furent bien pénibles, ces impressions, pendant le dernier dîner que nous fîmes avec tous ces libérateurs, nos oppresseurs, chez Mme de Nogent.

Ceux que je viens de citer s'y trouvèrent. Napoléon n'y fut pas épargné, car plus on acquérait la certitude de son isolement à Fontainebleau, et de la défection de Marmont, plus ses ennemis devenaient arrogants. On donnait le dernier coup de pied au lion expirant. On se passait complaisamment une gravure anglaise représentant sa figure olivâtre toute composée de têtes de morts et de bêtes immondes.

Des Français comblés de ses faveurs nous ont donné le triste spectacle de s'associer à ce sentiment.

J'eus la douleur de voir, deux mois plus tard, un peintre de l'École lyonnaise, avec lequel j'étais lié, faire volte-face et le qualifier d'ogre corse dans un libelle injurieux. On peut voiler l'idole que l'on a encensée, mais la traîner dans la boue, n'est-ce pas s'y traîner avec elle?

Nous voici de rechef dans notre berline, galopant dès le matin du côté de Lyon. Notre guide, M. de Bavière, se comportait jovialement, il prenait sur lui de nous dire les choses les plus flatteuses. Le second jour, au milieu de la nuit, nous rentrions au cri des *Wer da!* ou des «Qui fife!» des sentinelles allemandes dans notre ville endormie. Lyon ne savait rien encore. On lui cachait tout. Les nouvelles que nous apportions furent d'abord accueillies avec incrédulité. Les Bourbons ! quels Bourbons ? disait-on. Quelle folie ! Tant de gens les avaient oubliés. Vers le soir, grande fermentation des esprits, et notre rapport au conseil municipal sous la présidence du maire. Le conseil était au grand complet, car chacun s'attendait à quelque délibération extraordinaire. A vrai dire, notre rapport entendu, ce fut moins de nous remercier et de se féliciter des excellentes paroles dont nous étions porteurs, que de la nouvelle aurore politique que l'on songea à s'occuper. Toutes les têtes fermentaient, chacun scrutait ses titres aux naissantes faveurs, et quelle serait la meilleure route à suivre pour se les attirer. Quelques avis arrivés de Paris dans la journée avaient mûri la croyance au retour des Bourbons.

Je tins la cause de Napoléon pour perdue, quand je vis M. X..., homme fin, inclinant à tous les vents, se tourner à la Talma vers le beau portrait de l'Empereur, et s'écrier :

« Si vous me demandez, messieurs, mon opinion sur l'état des choses, je vous dirai qu'il y a longtemps que cet homme me pèse. Sa figure ne devrait plus assister à nos séances. Remplaçons-la par celle de notre bon, de notre loyal Henri IV. Cela vaudra mieux pour le repos de la France. Il faut avoir le courage de le dire, et je l'ai. »

Admirez ce courage, lorsqu'il était bien informé de la catastrophe !

Cette sortie trouva de l'écho. Plusieurs membres s'agitèrent sur leurs sièges et murmurèrent leur approbation, se portèrent la main au cœur pour en extraire, en faveur de l'ancienne dynastie, des sentiments de fidélité très endormis. Il y eut quelques timides, quelques circonspects, qui hésitèrent, quelques francs napoléoniens qui se turent et sourirent amèrement.

En définitive l'étoile impériale tomba du firmament, et le jour qui succéda fut témoin de scènes réactionnaires pénibles à la dignité de l'humanité. Une farandole royaliste, en grande partie composée de stipendiés, et qui trouva peu de sympathie parmi le peuple, parcourut les rues et les places, brisant les aigles et les insignes impériaux. Comme si l'on pouvait supprimer l'histoire et en effacer le souvenir ! Puis on apprit que Napoléon avait traversé furtivement Lyon, se rendant à l'Ile-d'Elbe, que sur son passage il reçut des ovations de ceux qui l'avaient reconnu, que notamment un jeune homme, au risque de se rompre l'échine, s'élançant sur le marchepied de la voiture, lui jura amour et fidélité.

Quelques semaines après, Lyon s'apprêtait à recevoir Mme la duchesse d'Angoulème. A la suite de secousses graves, on était heureux de se reposer sur des scènes plus riantes. Aussi la nouvelle de l'arrivée de cette princesse élevée dans les larmes, de cette princesse qui avait quitté la France à travers les échafauds teints du sang de sa famille, excita-t-elle un puissant intérêt, une curiosité sympathique, même parmi les antagonistes de sa race. Des cœurs dépravés demeurèrent seuls insensibles à cette apparition, et tournèrent en ridicule le souci que l'on prenait de la bien accueillir.

Les imaginations s'échauffèrent : c'était à qui préparerait des fleurs blanches, des bannières allégoriques, des devises mariant la présente allégresse aux anciennes douleurs. Depuis quelques mois le siège de Lyon avait assumé un autre caractère. Le siège n'avait plus été soutenu par les Girondins, ardents, mais purs patriotes, résistant à la tyrannie de la Convention ; à cette heure, c'était toute une ville, fidèle à la légitimité, immolant ses fils pour elle. On avait combattu sous Précy uniquement pour les lys. On écartait le manteau dont s'était couvert ce général, pour s'unir au sentiment de juste résistance qui animait la population lyonnaise, effrayée depuis le 25 mai 1793, par les trames de la Convention. On oubliait que les Lyonnais avaient combattu surtout pour leur indépendance et leur vie, et qu'ils n'étaient qu'en petit nombre inspirés de cette tendresse pour les Bourbons, que l'on se plut alors à faire ressortir pour mieux flatter la duchesse. L'Ecole de peinture lyonnaise, échauffée par un de ses maîtres, adopta le costume chevaleresque du moyen âge et fit consommation des plus éclatantes couleurs pour peindre ses étendards. On portait en général une grande attention à la contenance des familles protestantes. Ayant été investies par la Révolution du droit commun et d'une complète liberté religieuse, il était assez naturel de suspecter que les mots Bourbons et persécution fussent pour elles synomymes. On surveillait leurs gestes, leurs paroles. Les napoléoniens leur reprochaient leur timidité, les légitimistes leur tiédeur. La position était embarrassante. On sait ce qui plus tard arriva dans le Midi, où le fanatisme suscita contre elles des persécutions que l'autorité fut impuissante à réprimer pendant un certain temps. Dans cette situation, malgré la répugnance que j'ai toujours éprouvée à me mettre en évidence, je ne voulus pas refuser la proposition qui me fut faite de m'enrôler parmi les chevaliers du Dais, confrérie qui s'était chargée d'en porter un fort beau de taffetas bleu frangé d'argent sur la tête de la princesse, pour la garantir du soleil lorsqu'elle cheminerait en calèche découverte sur nos quais. Les principaux de ces chevaliers étaient MM. Journel, Dareste, Valesque, Coste, Rouveyre, beaux cavaliers auxquels l'habit noir, ceint d'une écharpe bleue frangée d'argent pareille au dais, seyait à merveille.

A quatre heures, par une douce température d'été, la fille de Louis XVI était reçue aux portes de Lyon par toutes les autorités, anxieuses d'effacer les souvenirs pénibles qui pourraient assombrir son esprit. L'entrevue fut pathétique. Elle l'eût été davantage si la princesse eût montré plus d'effusion. Mais ce don lui manquait. Ses traits prononcés et masculins, sa voix dure, lui prêtaient un air de sécheresse qui n'attirait pas. Mme de Sérant était à ses côtés. Nous étant approchés avec notre immense parasol, elle parut comme effrayée de notre intention et n'y donna aucun encouragement. Le dais fut donc mis de côté.

Nous conservâmes pourtant le privilège d'entourer sa calèche et de l'escorter ainsi jusqu'à l'Archevêché, où elle devait loger. Les cloches sonnaient. Le canon grondait. Sur tout le tracé du passage, une foule énorme, des cris : Vivent les Bourbons ! vive la Religion ! vive l'auguste fille de l'infortuné Louis XVI, surtout proférés par des femmes, parmi lesquelles se disséminaient des prêtres en soutane.

A l'Archevêché, les dames les plus notables de la ville l'attendaient. Aucun témoignage flatteur ne lui manqua. Parmi les jours consacrés à Lyon par la princesse, on se mit en frais, sinon pour l'amuser, car elle n'était guère amusable, du moins pour remplir son temps et faire acte d'amour et de respect. Une magnifique fête s'organisa dans l'enceinte et sous les larges galeries de l'ancien cloître des dames de Saint-Pierre. Au centre de ces galeries, en face de la principale entrée, un trône surmonté de l'oriflamme et des armes de France, fut la place qu'elle occupa.

L'aspect des dames lyonnaises, presque toutes en blanc, parées de diamants et de fleurs, donnait un noble démenti à la teinte enfumée des rues sombres de notre cité. L'affluence était considérable et comptait tout ce que Lyon renfermait de personnes marquantes. Des cantates furent chantées, puis un goûter servi. Tel fut le délire d'un des chevaliers du Dais qu'au moment où

Madame se levait de table, on le vit sauter sur la pelure de la pêche qu'elle avait mangée, pour la sucer dans une ravissante extase. Semblable trait de courtisan mérite d'être cité. On le comprendrait de la part d'un amant pour sa bien-aimée, puisque l'on assure que l'amour est le père de toutes les extravagances, mais de la part d'un sujet, pour une princesse ! Enfin, c'était un de nos chevaliers ! A une autre époque, il semblerait que la princesse, informée du fait, eût dû créer l'ordre de la Pêche.

Les jours suivants la princesse fut promenée sur la Saône dans une gondole pavoisée, suivie d'une multitude de jolies embarcations et de musiciens. De la sorte, elle visita l'Ile-Barbe, station se rattachant aux temps antiques, portant vieux donjon, petite église bien sombre, et offrant un prestige pittoresque que les constructions modernes ne lui avaient pas encore enlevé. Cette soirée ne laissa rien à désirer. L'ombre du pauvre Louis XVI semblait surnager, satisfaite et réconciliée, autour de l'embarcation illuminée qui portait sa fille. De nombreuses acclamations, de femmes surtout, partaient du rivage.

C'était la fête des âmes sensibles, mélancoliques, célébrant à la face du ciel étoilé le retour d'une femme fortement éprouvée. Pourquoi cette noble princesse, modèle de tant de vertus et de patience, manquait-elle de grâce? On cite d'elle des paroles pleines de sens; mais elle laissait froids ceux qui l'écoutaient.

A peine son séjour écoulé qu'il fut question de celui que devait faire son beau-père, le comte d'Artois. Monsieur entra sur un cheval gris blanc et en habit vert. Je le vois encore sur le quai de Retz, les dents au vent, saluant avec aisance les dames dont l'approbation lui venait des fenêtres.

Il avait ce jour-là mis à contribution toutes les belles façons de sa jeunesse, mais il n'était plus jeune.

On put juger qu'il avait conservé un fort bon appétit, car au dîner qui lui fut offert au palais Saint-Pierre et où personne ne se jeta sur des pelures de pêche, il fit honneur à un plat de bec-figues et les suçant les uns après les autres avec une incroyable activité, il s'écriait : « Ils sont bien bons ces petits oiseaux ; ils sont bien bons ces petits oiseaux ! »

Convaincus de cet incontestable fait que nous avions en France des Bourbons en corps et en esprit, chacun s'occupa de leurs tendances, commenta le code fondamental de Louis XVIII, tira des augures du moindre de ses gestes.

On remarqua d'abord une prédilection marquée pour l'ancienne noblesse. Les hommes de fer de Napoléon s'aperçurent qu'ils avaient des rivaux d'antichambre et de salon et que la pointe de leur sabre n'ouvrait plus toutes les serrures. La tour de Babel, je veux dire la Chambre des députés fut élue; une opposition s'organisa ; les traits, la chanson, la critique, muselés par Napoléon, se réveillèrent; on se moqua du monarque en guêtres de velours, de MM. de la Jaubardière allant aux Tuileries à pied avec ailes de pigeon, si bien qu'en janvier-février 1815, on se demandait si l'on marchait et comment l'on pouvait marcher avec ces velléités d'aller à reculons. De sourdes doléances sur la supériorité du règne de Napoléon commençaient à circuler.

Les dames de l'Empire trouvaient que celles de la Restauration portaient le nez trop haut, que les vieux parchemins craquaient mieux que les nouveaux. Alors se répandirent de singuliers avertissements. Quelques-uns souriaient en parlant du retour de la violette. Du côté de la Suisse, où Joseph Bonaparte s'était rendu propriétaire du château de Prangins dans le canton de Vaud, on s'entretenait de cette charmante fleur printanière, de ses douces senteurs. Toutefois plusieurs ignoraient ces symptômes, lorsque tout à coup, un dimanche, à Lyon, au mois de mars, les postes militaires furent doublés.... Pourquoi ? Qu'y a-t-il ? Personne, presque personne ne s'en doutait. Le lundi, au matin, un bruit vague, surprenant. D'abord, on n'ose s'en parler qu'à l'oreille ; puis, la rumeur va grossissant ; enfin, grande explosion, la foudre éclate parmi nous. C'est le banni qui a ouvert les portes de sa prison, c'est l'aigle échappé de sa cage, qui vient de se poser sur la plage d'Antibes, battant des ailes, annonçant qu'il volera de clochers en clochers jusqu'à Paris. Il avance, il avance. Au pont de la Mure, rencontre ; d'un côté sur la pente de l'étroite route de vieux grognards excédés de fatigue ; sur l'autre pente, des soldats qui n'appartenaient à Louis XVIII que par la couleur de leur cocarde. L'hésitation ne fut pas longue. Napoléon lorgne un moment, suivi de quelques grenadiers ; il s'avance rapidement sur le pont :

— C'est vous, mes braves ! Tirez sur votre Empereur. Voyons, qui l'osera !

Tout simulacre de résistance cesse, les cocardes blanches sont jetées dans le ravin qui sépare les deux corps ; on s'embrasse, on fraternise, la tricolore sort de toutes les poches. Des masses de paysans groupés sur les rochers agitent leurs feutres, leurs bonnets. La route se poursuit aux cris de : Vive l'Empereur ! jusqu'à Grenoble et le colonel Labédoyère en ouvre les portes.

Pendant ces scènes dramatiques, Lyon avait dans ses murs un ou deux régiments que Macdonald et le comte d'Artois vinrent de Paris, en toute hâte, passer en revue et haranguer. Mais qu'espérer de soldats dont l'un, sollicité par le prince de crier avec lui : Vive le Roi ! répond : « Ça ne veut pas sortir de là » en montrant son cœur. Toutes les proclamations, toutes les promesses furent vaines, sans succès. On parlait de couper les ponts. Rien ne se fit. Quelques jeunes gens de bonne volonté coururent s'inscrire pour se joindre au prince, s'il se portait en avant. Le prince ne bougea pas. Il était encore à table, le jeudi, à l'Archevêché, lorsque les éclaireurs de Napoléon se présentèrent dans le faubourg de la Guillotière. Macdonald pressa son départ ou sa fuite. O honte pour son parti ! seul, parmi les civils, un avocat nommé Verdun, indigné de cet abandon, quoique d'une opinion contraire, enfourche un cheval et l'accompagne. L'Empereur le décora. A la sortie de Lyon, quelques dragons ou hussards servant d'escorte au fugitif furent rejoints par de la cavalerie impériale.

Ils échangèrent entre eux quelques plaisanteries goguenardes sans que le prince fut empêché de poursuivre sa route.

Confondu dans la foule, je me portai le soir jusqu'au pont de la Guillotière par lequel devait reparaître dans la seconde ville de France l'homme extraordinaire qui l'avait relevée de ses ruines. Bellecour, dont il avait ordonné la reconstruction à d'avantageuses conditions, n'était pas complétement parachevé ; une ou deux maisons encore sans portes et sans fenêtres, offraient des places assez commodes à ceux jaloux d'assister de loin au retour triomphal.

La foule était immense ; mais c'était une foule bruyante, énergique, étendant ses grossiers vêtements sous les pas du héros qui anoblissait ses enfants. C'étaient d'autres femmes que celles dont j'ai parlé plus haut. Celles-ci semblaient ne jamais vouloir se lasser d'engendrer pour alimenter les batailles. Napoléon fit son entrée à la lueur des torches. On léchait pour ainsi dire ses bottes. L'éclat des casques des cavaliers qui l'escortaient causait des vertiges de bonheur et d'enthousiasme. On se permit de casser quelques carreaux de vitres à des habitations réputées bourbonniennes ; mais les sourcils du triomphateur se contractèrent. Il ne craignait pas le sang des combats, mais il détestait les méfaits de la canaille. Ce ne fut donc pas sans regret qu'il n'aperçut point autant d'habits fins qu'il l'espérait autour de sa personne. Il remarqua avec dépit que le lait de son peuple s'était écrémé.

Ce retour, il faut le dire, avait été précédé de certaines démonstrations dénotant que le peuple était mieux informé que la bourgeoisie. Ainsi, un petit marchand d'encre tout contrefait, un « mayeux » de cette époque, se promenait le matin en criant malicieusement :

— Voici le marchand d'encre, voici le père *la Violette*, mon encre *sent la violette.*

Cet original, je l'avais maintes fois rencontré sans songer à aucune allusion, mais après la nouvelle du débarquement il appuya tellement sur le *père la Violette* que sa pensée ne pouvait plus échapper. Tel était le prestige qu'exerçait encore la personne de Napoléon sur le peuple.

Le lendemain de l'arrivée, dès six heures du matin, je fus en vrai badaud me poser sous les fenêtres de l'appartement que l'Empereur occupait à l'Archevêché. Cet appartement peu élevé avait vue sur l'angle de la place et du quai. Grand nombre de grenadiers, étendus sur de la paille fraîche ou assis sur leurs sacs, les armes en faisceau, se chauffaient encore au feu du bivouac. Grâce à la sollicitude belliqueuse des femmes du quartier, ils avaient été largement pourvus de pain, de viande, de saucisses, de vin, et se montraient cordialement sensibles à ces hommages, signes de la reconnaissance qui leur était due pour avoir si bien gardé, si heureusement ramené leur chef. C'étaient comme ces chevaux dont on caresse le poitrail pour les récompenser d'une course rapide. La foule attendait avec impatience le réveil du Souverain. Aussi dès sept heures, et sans égard pour sa fatigue les cris de : Vive Napoléon ! vive l'Empereur ! vive notre Empereur ! devinrent si violents qu'à moins de dormir d'un sommeil enchanté, tout repos pour lui cessa d'être possible. Sa fenêtre s'ouvrit, il parut sur le balcon, pâle, mais fort gracieux, il saluait de la tête et de sa petite main. Sa mise se ressentait du peu de temps qu'il avait à lui consacrer, sans doute aussi d'une pénurie de vêtements blancs. Il portait un habit vert comme le comte d'Artois, mais quelle différence ! Accueilli par des applaudissements et des hourras frénétiques, il adressa de nouveau plusieurs saluts à la foule, puis se retira.

Alors un homme à mes côtés, un homme dont la trempe et la faconde révèlaient à n'en pouvoir douter les habitants du terroir que nous désignons sous le nom de canuts, s'écria :

— Nom, nom, nom de Dieu ! Ç'a est-il un homme ! Vois-tu, mon ami, disait-il en s'adressant à son voisin, c'est pas comme les autres, c'est pas comme les autres ! Celui-ci entre dans un cabaret, boit sa bouteille, mange son morceau de fromage sur le pouce et remonte à cheval, et puis, cours après si tu peux. Oui, oui, je t'en fiche, cours. Ah ! quel homme ! quel homme ! »

Dans la journée, il reçut les autorités qui, avec ou sans répugnance, furent bien obligées d'aller lui présenter leurs hommages.

On cite à cette occasion un propos par lui tenu à un partisan bien connu des Bourbons, lequel avait sous l'Empire fait le chien couchant :

— Monsieur, lui dit-il, connaissez-vous ce pont ?

— Mais Sire !...

— Monsieur, on l'appelle le pont Tilsitt, vous l'aviez, sans doute, oublié, puisque vous venez de le nommer le pont de l'Archevêché.

Sur les midi, il tira sa montre, et affecta de dire devant plusieurs personnes :

— A cette heure, l'Impératrice doit être à Strasbourg.

Deux heures après, à la Bourse, où ce propos était répété, les denrées coloniales haussèrent de 10 pour 100, comme si le vieux système continental allait revivre. L'Empereur en fut informé dans la soirée et en rit beaucoup.

Heureux ceux qui vendirent !

De toutes parts on voyait affluer de vieux militaires mis à la retraite, qui venaient demander à être replacés en activité de service. Aux troupes de ligne grossissant d'heure en heure, se joignirent aussi des compagnies de volontaires lyonnais pour monter la garde autour de sa personne.

Le samedi, déjà entouré des régiments de cavalerie et d'infanterie, malgré un temps aigre, il annonce une revue sur la place de Bellecour. La neige tombait par bourrasques. Un homme comme lui tire parti de tout. Accueilli à son arrivée par les acclamations frénétiques des troupes, il s'avançait sans par-dessus et visiblement transi par le froid.

— Mon ami, dit-il, en se tournant vers un soldat chaudement vêtu, ton empereur a froid. Prête lui ta capote.

Nouvel enthousiasme dans tous les rangs. Le pauvre diable qui lui livrait sa peau se serait au besoin mis nu pour le contenter.

Le soir, il aborda plusieurs questions avec M. Vouty, président de la Cour d'appel, relativement à divers changements qu'il désirait introduire dans nos codes.

Néanmoins les hommes soucieux et prévoyants n'osaient pas se fier avec une entière sécurité au nouveau feu de cette étoile. Une certaine appréhension régnait dans beaucoup d'esprits.

Le dimanche s'annonça mélancolique. La neige tombait de nouveau à gros flocons et tenait sur les toits. A dix heures, je fus me placer avec mon fils, chez mon ami M. Rieussec, habitant à cette époque la Manécanterie dont les fenêtres donnaient sur la grande cour de l'Archevêché. A midi, l'Empereur devait passer en revue tous les officiers d'un régiment cantonné à Vienne et qui était, si ma mémoire est fidéle, commandé par le général Christophe. Nonobstant la température rigoureuse, les maisons étaient garnies d'hommes, de femmes et d'enfants ; on en voyait jusqu'aux toits se chauffant aux gaînes et tuyaux de cheminée. Retenu au palais par des dépêches, des audiences, ce ne fut qu'à midi et demi que Napoléon parut sur le perron du grand escalier. Il s'élança lestement à cheval et fut se placer au centre de la cour. Aussitôt tous ses cavaliers caracolent autour de lui, le sabre nu, puis se massent en cercle, l'entourant pour ainsi dire d'une couronne d'acier. D'une voix forte et d'un geste animé il leur retrace alors la gravité des circonstances, la confiance que lui inspire

leur dévoûment, et leur communique ses ordres.
Ses yeux lançaient des éclairs, les cavaliers et
leurs montures également. Ce tableau saisissant
ne s'effacera jamais de mon esprit.

Ce fut le lundi 13 mars, sur les trois heures
après midi, que Napoléon quitta Lyon sur un
petit cheval blanc qui conserva son nom. Les cris
accoutumés de : Vive l'Empereur! l'attendaient
sur les quais de la Saône qu'il suivit jusqu'à
Vaise pour prendre la route de Bourgogne. Je
m'étais placé à la tête du pont Saint-Vincent. Je
ne remarquai pas ce jour-là une grande affluence
sur ce point. Cependant quelques femmes derrière moi s'en donnaient à cœur joie de leurs
démonstrations d'amour, et je récoltai cette
bouillante saillie : « Mais, dis-moi donc, ma mie,
pourquoi donc que j'aime tant cet homme-là ?
C'est que je l'aime, je l'aime, vois-tu, comme
mes petits boyaux. C'est vrai que ça me fait
toute *chose* quand je le vois. »

Il passa sans se presser, assez rêveur, très
affable. Il me fit l'effet d'un joueur qui risque un
grand va-tout, sans être parfaitement sûr de ses
cartes.

Je le considérai avec de singuliers pressenti-
ments, avec un trouble pour lui que je ne saurais
définir ; je me trouvais précisément à la place où

l'année précédente je m'étais séparé de mes compagnons de voyage et avais mis pied à terre revenant de Dijon, les Bourbons dans mes poches. C'était maintenant lui qui les faisait repartir avec une conscience parfaite de sa supériorité et de sa popularité. La jeune France, la France enthousiaste, belliqueuse, les campagnes étaient pour lui ; les salons effrayés lui restaient hostiles ; ceux du faubourg Saint-Germain tremblant pour leurs titres régénérés, ceux de la Chaussée-d'Antin pour leur argent. Mon œil suivit avec un véritable sentiment d'angoisse cette grande majesté, arbitre de tant de choses accomplies, de tant d'autres qui allaient encore s'accomplir. Bientôt des flots de peuple le dérobèrent à ma vue. Je venais de le contempler pour la dernière fois.

Il ne m'appartient pas de retracer dans ces Souvenirs les grands évènements politiques qui suivirent ; je n'ai voulu esquisser que les scènes qui intéressent spécialement Lyon. Cet homme que j'admirais, mais que je n'avais jamais aimé, je le plaignis sincèrement, lorsqu'après d'enivrants triomphes, les plus cruels revers finirent par le terrasser.

Le monde frémit quand un nom de cette force perd son pouvoir et ne gronde plus que dans l'histoire. La conscience s'afflige aussi de tous les parjures que la faiblesse humaine et l'ambition engendrent à la suite de pareils évènements. Ces parjures furent nombreux; je suis heureux de ne point avoir à m'en reprocher.

Lorsque vint le jour des élections pour la Chambre appelée par l'Empereur, lorsque le Président du collège, M. Vouty, m'intima qu'il fallait avant que de voter préalablement adhérer à l'acte constitutif additionnel qui excluait à jamais les Bourbons du trône de France, je dis non et me retirai.

Au moment où la nouvelle du désastre de Waterloo arrivait à Lyon, je venais de partir avec ma femme et mes enfants pour les eaux du Mont-Dore. C'est dans cette retraite pittoresque et paisible que se passèrent pour nous les douloureuses semaines qui virent renaître pour la France une invasion étrangère et de tristes luttes intestines. On n'y trouvait pas encore le confort qu'elle a depuis lors acquis. Nous étions logés chez Mme Coadon, la seconde hôtellerie, la plus en renom dans la contrée. Partout ailleurs on l'eût citée pour la dernière. Une grande salle basse, noire, tenant lieu de parloir et de cuisine, une immense cheminée sous laquelle la flamme dévorait des arbres entiers et qui fumait parfois si libéralement que la boiserie du plafond et des parois reluisait d'un vernis couleur de bitume. En face de cette cheminée, une armoire ouverte, en bois sombre, portant trois ou quatre rayons ou cercueils superposés sur lesquels, et par ordre de préséance, à partir d'en bas, couchaient, père, mère, grands et petits enfants. C'était une arche de générations. Madame Coadon nous attribua la meilleure chambre du logis, chambre sans fard, pavée de lave, murs blanchis à la chaux, un lit passable, une table vacillante, un petit miroir de quelques sols. Pour mes enfants et la femme de chambre, des réduits plus rustiques encore.

Le lendemain de notre arrivée, nous pûmes à notre aise et sans rivaux, accompagnés de M. Bertrand le docteur, visiter la source principale et les bains. Ce docteur était un homme bon, acceuillant, que la température politique du moment préoccupait peut-être encore plus que celle des thermes dont il avait l'inspection. Les époques de transition sont difficiles pour des fonctionnaires révocables et qui ne possèdent pas par eux-mêmes une situation tellement indépendante, qu'il ne faille garder l'équilibre en se plaçant au milieu de la balançoire. Bientôt nous vinrent de Clermont quelques visages inquiets, M. de Lacroix-Laval, M. Nicolas Gaillard, gendre de M. Babouin, M. et Mme de Villieux de Loye, puis une famille du Beaujolais tremblant que les Allemands ne brûlassent ses cuves et ses échalas. Au bout de quelques jours, nous sûmes par Lyon que Napoléon allait s'embarquer, que les alliés et les Bourbons reprenaient le dessus, et que l'étranger cette fois se ferait payer cher une seconde restauration.

Ne pouvant rien changer aux fléaux que le ciel amassait sur nos têtes, je cherchai à m'étourdir par la distraction d'incessantes promenades. J'explorai la vallée des bains, la gorge dite des Enfers, et au-dessus de laquelle s'élève la crête décharnée du pic de Sancy.

Oh! que je me trouvais bien, séparé du monde et de ses agitations, en face de tant de vieux sapins sans branches et sans feuilles, tordus et blanchis par les frimas, abandonnés à l'oiseau de proie qui y perchait, aux bergers qui en brûlaient la base! Comme ces vieux arbres parlaient bien dans leur caducité! qu'ils étaient d'une sauvagerie bizarre! Nus et dépouillés, il semblait que leur défroque devait avoir alimenté les enfers. Ici le rocher de Prométhée; là, l'arbre de Tantale, penchant ses branches sur la Dordogne, dont le grondement sourd rappelait le murmure des damnés et puis ce grand colosse, le

Capucin, noir, aux entrailles brûlées, sur le ventre calciné duquel avait été affichée et gravée en traits de soufre la sentence des âmes gémissantes. La décoration principale du ballet de *Psyché* a sans doute eu pour modèle cette vallée des Enfers. Le Dante aurait dû la connaître, et s'y construire une sombre villa toute de basalte et de lave.

Au-delà de cette poétique horreur, on pouvait, en gravissant dans le bois un col qui tenait lieu de cravate au Pic de Sancy, se transporter en quelques heures à la chapelle de Valcivières pour faire la connaissance du petit lac Pavin, jadis cratère, aujourd'hui réservoir limpide, froid et profond.

Cette excursion, assez pénible, n'était pas précisément une de celles que la prudence du docteur Bertrand conseillait à ses malades; elle imposait de la fatigue et absorbait toute la journée. Pour aller à Pavin, il faut aux hommes des mulets et aux dames des litières. Mon fils saisit une aussi bonne occasion de se mettre en selle; il fut commis à la surveillance de MM. de Laval et Gaillard. Logeant dans le même hôtel que nous, M. et Mme de Fréminville, des Français de l'ancienne roche, d'une roche un peu fusée, car leur santé chancelante en était aux compliments avec la vie , exprimèrent le désir de se joindre à nous. Les voici tous deux dans une boîte , ma femme et moi dans l'autre, chaque paire huchée entre deux mulets. Les guides sont à leur poste, brides en main. Nous partons escortés de nos cavaliers. Ma petite fille et sa bonne restent au village, sous l'œil du médecin et de notre hôtesse.

—Bon voyage! nous crie-t-on de tous côtés, gardez-vous de tirer des coups de pistolet sur le lac Pavin, ou bien viendra l'orage.

On boit des verres d'eau minérale à notre santé. Le soleil buvait aussi.

Nous cheminons au fond de la vallée, nous laissons l'Enfer à droite et prenons à gauche le large sentier qui nous engage dans les escarpements par lesquels on arrive aux bases du pic de Sancy. Tantôt des sapins, tantôt des rochers; à la cime et sur le col, la neige. Puis quelques plantes dont l'existence éphémère atteste la grande loi des contrastes ; les unes, des poisons, les autres des sucs salutaires.

Là des fleurs diaprées, brillantes ; ici des herbages mélancoliques, des épanouissements sombres ; sur les couches noires du basalte , des familles de mousse transparente, de blancs coquillages. De noirs corbeaux aux pâturages, des oiseaux aux pennes d'argent dans les airs. Enfin, sous mille espèces et sous mille formes variées, les emblèmes de la volonté de Dieu qui voulut le jour et la nuit, qui créa pour cette région des oiseaux effrayants et pour d'autres des chantres mélodieux habillés de robes éclatantes. La tristesse en opposition à la gaîté, le bruit d'harmonieuses cascades couvert par la voix du tonnerre, la grêle qui détruit à côté du soleil qui féconde.

En descendant, un tapis de verdure s'étendait à nos yeux. Cette terre incendiée s'était, en se refroidissant, enveloppée de riches pelouses sur lesquelles broutaient de nombreux troupeaux. Après les avoir traversées, et dépassé la chapelle de Notre-Dame de Valcivières, nous atteignîmes enfin les bords du lac Pavin. Ancien cratère, Pavin est devenu maintenant un profond réservoir d'eau claire et limpide auquel les gens du pays prêtent un charme tout mystique.

Le gouffre est, dit-on, habité par une puissance mystérieuse ; aucune barque ne peut le traverser sans chavirer, une pierre lancée dans sa profondeur fait bouillir les eaux et produit un orage.

Tandis qu'un dîner champêtre redonnait du ton à nos forces, quelques-uns de nos cavaliers, bravant la superstition, hasardèrent plusieurs coups de pistolet. Mais, ô surprise ! ô confusion des esprits forts ! tout aussitôt le lac s'émeut, frémit, de gros nuages arrivent sombres et menaçants des extrémités des pâturages, finissent par nous envelopper ; l'éclair brille, le tonnerre gronde, une pluie mêlée de grêle tombe sur nos têtes. Les cavaliers fuient à cheval vers la chapelle et les pauvres couples des litières n'ont que le temps de s'en faire un abri. Cette bourrasque dura deux heures. L'humidité, le froid, toujours prêts à s'emparer de ces régions, nous prescrivaient un hâtif retour.

M. de Fréminville grelottait, et sa peau ridée se ridait encore davantage :

— Eh ! mesdames, quel pays bourru ! Retournons vite aux bains. M. Bertrand va joliment nous gronder. Voilà ce qui s'appelle une fameuse douche. Ah ! M. de Pavin, vous ne plaisantez pas. Vous faites le méchant, M. de Pavin, nous allons vous tourner le dos, et vous ne nous reverrez pas de sitôt.

En effet, quelques éclaircies parmi les nuages nous donnèrent l'espoir de rejoindre le village des bains ; mais nous connaissions mal la gravité et surtout la durée des ouragans dans ces montagnes.

Nos cavaliers, voyant que nous nous rapprochions d'eux emballés dans nos litières, comptant sur la prudence de nos guides et le pas assuré de nos mulets, s'enveloppèrent de leurs manteaux et se perdirent dans les nuages tels qu'on nous représente Bonaparte passant le Saint-Bernard.

C'était un tableau fort pittoresque : les nuages chassaient avec une telle violence sur le flanc de la montagne que nous ne les vîmes plus que par fractions, tantôt leur tête, tantôt les jambes de leurs chevaux, puis entiers, puis rien, absolument rien. Ce spectacle ressemblait aux visions des vieux Scandinaves, alors que leurs héros armés siègeaient et dansaient sur des vapeurs Vainement nous cherchâmes à les rappeler, le vent leur dérobait le son de nos voix. Ils disparurent complètement. Nous avions dépassé la pauvre auberge la plus rapprochée de Pavin ; nos mulets gravissaient péniblement la montagne, encouragés par les guides ; mais parvenus à une certaine hauteur, de nouvelles rafales nous enveloppèrent si bien que ces pauvres bêtes refusèrent d'avancer et s'agenouillèrent ; une des litières faillit être renversée ; il devenait évident qu'au sommet de la montagne la tourmente devait être plus violente encore. Les guides paraissaient anxieux. M. de Fréminville et moi nous sortîmes de nos ruches. Nous nous félicitâmes de ne pas être des chênes et de plier comme des roseaux. Le plus sage ne serait-il pas de tourner bride et de chercher un refuge à l'auberge de Valcivières pour y passer la nuit?

— Certainement, dirent ces dames.

— Mais vous connaissez les lits auvergnats, les couchers en pleine armoire et leur communauté.

—Qu'à cela ne tienne; nous passerons plutôt la nuit sur des escabeaux.

Notre petite caravane arrive dans un assez piteux état à la modeste auberge. L'hôtelière nous accueillit de son mieux :

— Certainement, je vous mettrai un gigot à la broche, puis, nous irons, mon mari, moi et mes enfants, coucher à la paille, et vous, mesdames et messieurs, là, là.

Elle nous montra d'un geste significatif l'armoire et ses trois rayons. Après quelques rires contenus, il fut convenu que ces dames occuperaient les étagères du haut et M. de Fréminville celle du bas, que, quant à moi, le plus robuste, je me soumettrais aux aventures d'un grenier supérieur à tous les rayons de cette rustique demeure. L'hôtesse se distingua et nous servit un souper fort convenable dont l'universellement renommé gigot de Valcivières fut le principal mets. L'instant critique, l'instant décisif, étant venu, on me souhaita une bonne nuit ; je montai par un escalier de bois, proche parent des échelles, jusqu'au grenier, accompagné par une vachère qui m'avait organisé sur une pétrissoire un sac de repos dont elle me fit les honneurs avec un assaisonnement de phrases gutturales pleines de bonhomie. Elle la poussa, cette bonhomie, jusqu'à vouloir m'aider à me déshabiller, ce qui paraissait être un des articles du code hospitalier de cette région des volcans éteints.

— Eh bien ! que faites-vous là-haut, me criat-on d'en bas ?

— Je ne vois qu'un grenier qui poudroie, il fait noir, il me semble qu'un escadron de cavaliers s'est enfui à mon approche.

— Ce sont des rats.

— Et vous, mesdames ?

— Nous avons envoyé M. de Fréminville faire un cours d'astronomie ; il est devant la porte, sur la pelouse, à méditer.

Je mis la tête à un méchant chassis, et je vis mon ex-courtisan de l'OEil-de-Bœuf se promenant à la belle étoile, claquant des dents et commençant à s'impatienter. Je m'avisai de lui chanter :

> Quand on attend sa belle,
> L'attente est cruelle,
> Aussi qu'il sera doux
> L'instant du rendez-vous !

— Oui, oui, moquez-vous, dans votre grenier bien chaud ; mais moi, je gèle à la disposition de ces dames, et pour tout espoir. je n'ai d'autre rayon que celui de l'armoire qui m'attend. Mesdames, êtes-vous prêtes ?

— Oui.

Alors, des fentes au plancher m'avertirent que les lumières étaient éteintes et que M. de Fréminville, à tâtons et en soupirant, faisait, après son cours d'astronomie, l'essai d'une chambre obscure ; bientôt un plus gros soupir m'apprit qu'il venait de se mettre en possession de son bienheureux rayon ; il se distribua, de bas en haut et de haut en bas, de doucereux « bonsoir, dormez bien ».

Au bout de quelques instants, je fus tenté d'entonner le fameux canon : *Frère Jacques, dormez-vous ?* mais ces dames avaient besoin de repos.

Une heure d'insomnie s'écoula pour moi. Le plus grand calme avait succédé à l'orage ; quelques bruits ruraux interrompaient seuls le silence ; mes yeux inclinaient à se fermer lorsqu'une voix lamentable, sortant de je ne sais où, frappa mon oreille de ces singulières paroles :

— Oh ! mon Dieu ! je voyé le loup, je voyé le loup, je voyé le loup !

— Eh ! qu'y a-t-il ? Que dites-vous ?

N'eût été l'accent peu parisien de ces exclamations, j'eusse cru à un rêve champêtre de M. de Fréminville. Je fus même sur le point de lui crier : M. de Fréminville, où voyez-vous le loup ? Mais incontinent la voix de recommencer :

— Je voyé le loup, je voyé le loup ! Il m'emporte mon mouton ! Eh ! mon Dieu !

Et cela, accompagné d'un hennissement humain. Il y avait quelque chose de si plaintif dans cette vieille voix que ces accents me sont demeurés dans la mémoire ; je m'assis sur mon séant : Qui donc crie ici ? Pour toute réponse, je n'obtins que ces mots :

— Le loup ! le loup ! le loup !

Comme ce loup m'avait l'air passablement édenté je ne m'en inquiétai pas davantage.

Vint le gris du jour, ce que l'on appelle l'aube, et avec elle un assoupissement pour moi ; j'y suis, je crois du moins y être, lorsqu'un son de trompette, un cri perçant, me déchire le tympan. Oh ! décidément, je crus à un grenier ensorcelé. Sur la bosse de mon sac, figurant un oreiller, la fière encolure d'un coq remuant sa crête au-dessus de mon front. L'oiseau de Mars venait envisager à son aise le téméraire qui s'était introduit dans ses galeries, et me dire : lève-toi ! sois vigilant, marche. A la manière dont je dormais, certes je ne demandais pas mieux ; je fus coller mes yeux à mes petits vitraux et j'aperçus de blanches vapeurs matinales glisser lentement sur l'herbe. Au bout d'une heure, la grosse vachère vint me demander si je n'avais besoin de rien.

— Non. Mais qui donc a crié au loup, cette nuit ?

— Môchieu, ch'est le vieux Thomas, le berger qui dort là-bas dans ché coin.

— Et le coq qui est venu me chanter à l'oreille ?

— Oh ! ch'est chûr qu'il aura pris Môchieu pour une poule.

Alors un mouvement au-dessous de moi m'apprit que le fond de cale de notre navire se réveillait, et j'entendis une douce voix s'écrier :

— M. de Fréminville, dépêchez-vous, s'il vous plaît, et faites-nous le plaisir d'aller voir lever le soleil.

Bon, pensai-je, voilà cet excellent M. de Fréminville qui va donner suite à son cours d'astronomie. Par une porte de derrière, je fus rejoindre l'astronome malgré lui.

— Eh bien ! elle vous a paru bonne ?

— A tout prendre, j'eusse pu m'accommoder de mon tiroir, mais j'étais dans une contrainte extrême, et puis, quel singulier rêve avez-vous fait, cette nuit : Je vous ai entendu aux prises avec le loup, et votre voix, ce qui m'a surpris, s'altère singulièrement quand vous êtes couché.

Ici une de ces dames, s'étant montrée grelottant sur le seuil de la porte et drapée dans son châle, nous invita à venir prendre un air de feu. La haute cheminée flambait, la marmite bouillait, notre hôtesse préparait le café. Bientôt nous avalâmes ce bienfaisant breuvage tel qu'il devait être pour nous rendre aptes à braver la fraîcheur de la montagne.

—Mesdames, nous ne vous demanderons plus comment vous avez passé la nuit. Tout ce que nous pouvons conclure de votre silence, c'est qu'elle n'a été ni une des meilleures, ni une des plus malheureuses de votre vie, et qu'elle tranchera parmi celles dont il vous sera permis de parler à vos petits-enfants. Nous sommes à vos ordres maintenant, et dès qu'il vous plaira, en litière.

— Cette fois, notre marche fut calme, et

d'une litière à l'autre s'échangèrent de joyeuses
saillies. L'obéissance de M. de Fréminville et sa
complaisance à faire de l'astronomie pour plaire
aux dames, lui valurent nos éloges. On plai-
santa beaucoup des jérémiades du vieux corydon
et des agaceries de mon coq. Nous fûmes tellement distraits des beautés de la nature, que, sans
nous en douter, nous avions atteint l'entrée des
Enfers. L'Enfer se métamorphosa en Elysée quand
nous y trouvâmes nos enfants, nos amis, venant
à notre rencontre, très alarmés de notre absence.

Mon fils et ses compagnons avaient rejoint
sans accident les Bains, après plusieurs haltes
dans la montagne, espérant toujours que nous
les rejoindrions. Alors, tout ce qu'il y avait de
torches et de lanternes dans le village fut mis en
réquisition, et, jusqu'à minuit, on nous avait cher-
chés. Jamais, depuis le dernier cratère éteint,
l'Enfer et Sancy n'avaient vu briller autant de
lumières. Le bon docteur Bertrand revenait sans
cesse à son refrain favori :

— Je n'aime pas ces parties ; mais connaissant
la prudence de ces messieurs, je m'étais bien
douté que vous tâteriez des moutons de Valcivières et des lits du pays. Convenez que si ces
derniers laissent à désirer, les premiers sont
un mets exquis et d'une rare saveur ?

Alors venait la récapitulation de toutes les plantes aromatiques et de la flore qui passaient sous leurs dents.

Deux jours ne furent pas trop pour nous remettre de ces émotions. A celles-ci, en succédèrent bientôt de nouvelles qui prirent leur source dans les évènements politiques. Des lettres de Lyon me pressaient de revenir. M. et Mme de Villiers et la famille beaujolaise que j'ai mentionnée plus haut, tenaient aussi à regagner leurs foyers. Il fut convenu que, de même que pour résister aux Arabes du désert, les caravanes se font aussi nombreuses que possible, nous cheminerions ensemble et que, pour atténuer les risques dont la route pouvait être semée, soit par les troupes des alliés, soit par les corps débandés de l'armée française, nous regagnerions Lyon par la Haute-Loire, le Puy-en-Velay, Saint-Etienne, Saint-Chamond et Rive-de-Gier.

Comme je parlais l'allemand, ma voiture fut mise en première ligne ; mes compagnons suivaient dans les leurs. C'est ainsi que nous traversâmes cette contrée pittoresque.

A Saint-Etienne, nos cochers qui avaient, sans notre adhésion, arboré des cocardes blanches, faillirent nous valoir un mauvais parti de la part des soldats de Napoléon, qui y étaient encore cantonnés. Notre dernière couchée fut à Saint-Chamond, également rempli de nos troupes. Le jour suivant, à une très petite distance de la noire bourgade de Rive-de-Gier, nous aperçûmes sur un monticule la dernière sentinelle française, et sur un monticule opposé une figure blanche. C'était l'Autriche en faction, l'Autriche qui, aux portes de Lyon, visita nos passeports et nous gratifia d'un visa d'admission dans les rangs de nos envahisseurs.

Ses troupes stationnaient sur la longue allée de peupliers qui borde Perrache. La ville avait une physionomie contenue et soumise. Tandis que Napoléon voguait vers le rocher où devait se terminer si tristement sa carrière, les alliés imposaient à la France de lourds sacrifices et lui faisaient rudement expier le retour de l'île d'Elbe. Plus d'une fois, depuis lors, dans un lit bien douillet, rongé par les soucis des affaires et de la politique, j'ai regretté mon grabat de Valcivières, le calme bienfaisant des pâturages de l'Auvergne et le silence des forêts, avant-goût intime, je l'espère, du repos délicieux que nous promet la tombe après toutes les agitations de la terre.

UN MILLION MANQUÉ

OU DEUX MOIS A PARIS EN 1816.

L'ÉTÉ de l'année 1816, ne se retrace jamais à mon esprit sans pluie et sans tristesse. Les moissons avaient été faites intempestivement, les gerbiers non battus pourrissaient ou germaient au milieu d'août sous l'influence d'une atmosphère froide et humide. « Nos bons amis » les alliés, pour la seconde fois parrains de la Restauration, étaient encore maîtres de la France, et, l'accablant de leur présence, tenaient le roi au collet. Nous, pauvre peuple, pleins de respect forcé pour et de sourde colère contre leurs baïonnettes, donnions notre argent, rongeant notre frein à l'envi ; car même les partisans des Bourbons ne supportaient les étrangers que par nécessité. Les banquiers de Paris, son-

198

geant à tous les emprunts qui se préparaient, semblaient préoccupés de la situation financière. Enfin, les affaires en soieries, fort animées depuis quelque temps entre Lyon et l'Amérique, s'étaient gâtées. Suivant leur téméraire habitude, les négociants des Etats-Unis, après avoir exagéré outre mesure leurs spéculations, subissaient une crise fatale. Les vaisseaux, les remises, manquèrent tout à coup.

Intimement liée avec un sieur Pierson de New-York, ma maison de commerce le vit entrer un beau matin dans ses bureaux, le visage des plus contristés :

— Je venais, je avais, je... mais il ne fallait pas prendre peur... je voulais vous dire que mes associés, ils me marquent que les ventes sont difficiles, que les paiements chez nous ils se faisaient mal, très mal, et que ce que je avais de plus prudent et de mieux à décider présentement, c'était de partir immédiatement pour Paris, afin de presser la réalisation des cotons qu'ils avaient consignés à M. Barillon. Je vous prierais, ajouta-t-il, de suspendre vos traites sur lui, pour donner à moâ le temps de leur préparer bon accueil. Je croyais, moâ, que vous n'avez rien à risquer du tout, du tout, mais je voudrais être à cette heure en Amérique, parce que je serais mieux avisé de certaines choses, et connais nos débiteurs plus particulièrement que mes associés. Pourtant je donnais à vous ma parole d'honneur, de ne pas me embarquer sans votre consentement, et je vais donner la même assurance à MM. Guyot et Muhm auxquels je devais aussi 80 à 90,000 francs. Ne soyez pas en peine pour vos 100 à 110,000, je espère que tout ira bien ; mais ayez confiance en moâ, ayez confiance en moâ !...

Cette ouverture inattendue mit nos nerfs dans un état d'irritation fort désagréable. Toutefois nous affectâmes un air très rassuré, et parûmes disposés à ne douter, ni de la bonne foi de notre débiteur, ni de la rentrée de sa dette. M. Pierson partit pour Paris, bien lesté de nos témoignages de confiance en sa parole d'honneur qu'il ne mettrait pas à la voile sans notre approbation; et des serrements de mains, des craquements de poignets à l'américaine.

— Soyez tranquille ; vous me connaissez, je savais très bien qu'il y a beaucoup de coquins chez nous, mais vous ne vous repentirez point de vos bons procédés ! *to be sure, never.*

A peine notre débiteur se trouva-t-il au-delà des horizons lyonnais, que nous ne fûmes plus tranquilles. La tranquillité se ternit comme une glace sous le moindre souffle. Des lettres des Etats - Unis plus inquiétantes et quelques passages sinistres dans les journaux nous firent regretter notre condescendance. Des pères de famille, aventurer 110,000 francs aussi légèrement ! Pierson pouvait fuir de Paris ; nous eussions dû le garder en otage ! La fièvre nous prit. Nous entrâmes en pourparlers avec MM. Guyot et Muhm, confondîmes nos craintes et mîmes nos intérêts en commun. Il fut décidé, que moi, Henri-Auguste Bröleman, je partirais aux frais de la ligue pour atteindre et surveiller Pierson à Paris. Pour remplir efficacement cette mission il devenait nécessaire d'avoir un puissant appui dans la capitale, un homme qui eût les bras longs, des limiers et des sbires à sa disposition. M. Anglès était alors préfet de police, et ce fut le commissaire général investi de cette fonction à Lyon, M. de Sainneville, qui voulut bien me nantir d'une pressante lettre de recommandation à son adresse. Cette recommandation, écrite dans l'intérêt général du commerce de Lyon, était fort explicative. Je partis.

La température toujours aigre et sombre, quoique nous ne fussions qu'au commencement de septembre, était à l'unisson de mes tristes réfléxions. J'avais mon fils à mes côtés dans un cabriolet de renvoi, bonne voiture fermant bien. Un chien roux, aussi de renvoi pour Beaune en Bourgogne où nous devions le restituer à son maître, M. Lacordaire, frère du célèbre abbé, nous tint mélancoliquement les pieds chauds pendant une partie de la route. Aucun épisode intéressant ne marqua le trajet. Le 5 septembre au matin, nous prenions possession de deux chambres à *l'Hôtel de Strasbourg*, rue Richelieu. A neuf heures, débarbouillés et sous les armes, nous étions attablés au café Foy devant deux bols de café à la crême. Pas la plus légère rumeur publique n'avait encore frappé mes oreilles. Grande fut donc ma surprise, en dépliant un journal, d'y voir la dissolution par ordonnance royale de la Chambre dite « introuvable ». Plus grande encore celle que me causa le prix des rentes. Le 5 %, était coté 52 !

Puis sur les Petites Annonces de la ville de Paris, je lis : « Superbe terre de Seymier, département du Puy-de-Dôme appartenant à Mme Du Roulée, veuve de M. Du Roulée, ancien membre du Parlement de Paris. Cette terre considérable sera vendue de gré à gré en l'étude de Me Eddon, notaire, rue Saint-Antoine. On en fera bonne composition et donnera toute garantie pour sûreté du paiement, la venderesse désirant vendre au comptant pour se remplacer en fonds publics. »

Un éclair m'illumina. Frappé de cette insertion, j'enfonce mon chapeau sur ma tête, je laisse mon fils flâner au Palais-Royal et je me dirige du côté de la rue Saint-Antoine. J'entre dans une vaste cour d'honneur, au fond de laquelle brillaient des écussons dorés ; je monte un large perron, j'ouvre une porte battante et je suis dans une vaste étude où plusieurs clercs, avec leur chef de file, griffonnaient, taillaient des plumes, chuchotaient. Du geste ils m'indiquèrent une belle porte en acajou, incrustée de baguettes en bronze doré, ouvrant le sanctuaire du patron. Hélas ! cent fois hélas ! Si j'avais, sans balancer, cédé à l'inspiration qui me précipitait vers l'étude Eddon, cette porte eût été pour moi celle du temple de la fortune, car c'est là, oui là, derrière cette porte, que gisait pour moi le 5 septembre 1816 et jours suivants un bel et bon million entassé. Et qu'on ne me taxe pas d'hyperbole ! Mais n'allons pas si vite. Encore quelques pas sur un parquet craquant, et je suis dans un grand salon, en partie décoré par des corps de bibliothèques garnis de belles reliures et de dossiers symétriquement rangés, imposant et respectable pêle-mêle des actes de la vie humaine. — Au milieu de ce salon, à une table longue en bois précieux, toute fière d'une magnifique écritoire, riche d'un beau désordre de brochures, de minutes entreposées sous des presse-papiers artistiques, siègeait, vêtu de noir, en habit de drap fin, souliers à boucle d'or, petite perruque ronde merveilleusement poudrée, un homme de l'ancien temps, refleurissant sous la Restauration comme ces arbres que les ardeurs de l'été livrent à l'automne pour les rafraîchir et leur redonner de la vigueur.

Tel était M. Eddon, la plume à la main, le doigt satisfait de la charge d'un gros diamant; M. Eddon, qui avait traversé sain et sauf les orages de nos révolutions; M. Eddon, qu'un instinct bienfaisant me faisait chercher, M. Eddon, qui me dit d'une voix pure et cadencée, d'une voix de bonne compagnie, en ôtant ses lunettes:

— Monsieur, en quoi puis-je vous être utile? Donnez-vous la peine de vous asseoir.

Pendant que je composais mon maintien, M. Eddon me fixa du regard dans l'attitude d'un homme attendant une importante communication. Il ne put croire cependant que je me présentais pour lui dicter un testament, car ma figure échauffée par le voyage et par les délicieux projets qui remplissaient ma tête me donnaît une apparence de restauration très analogue à la sienne.

—Je viens, monsieur, lui dis-je, dans l'intention de recourir à vos obligeants et sincères renseignements. De prime-abord vous me causez une impression qui vous est toute favorable (il s'inclina) et j'espère que vous ne me refuserez pas les éclaircissements que je désire sur la terre de Seymier. Les annonces m'ont averti que vous êtes chargé de sa vente ; les circonstances paraissent la rendre désirable et s'il était possible de se mettre d'accord sur le prix, je vous demanderais des délais pour aller voir cet immeuble et revenir m'entendre avec vous dans le cas où il répondrait à mon attente. Dans ce moment je me trouve retenu à Paris pour un temps dont je ne saurais déterminer précisément la durée.

—Ah ! monsieur, vous venez pour la terre de Seymier. Mme Du Roulée sera, j'en suis certain, enchantée des rapports qui semblent devoir s'établir entre elle et vous. Cette pauvre dame Du Roulée, c'est la femme d'un ami, d'un ancien ami, victime de la Révolution, et qui, je ne crains pas de le dire, car elle ne le cache à personne, a la plus grande envie de se débarrasser de Seymier. Pourtant, n'allez pas vous imaginer que c'est une mauvaise propriété. C'est une fort belle et grande terre, des bois immenses, un château féodal, mais un intendant, un intendant, un certain Chambart, dont nous n'avons aucune raison d'être satisfaits, parce qu'il ne nous fait jamais passer que des revenus insignifiants. C'est l'ennui que lui cause ce Chambart qui décide Mme Du Roulée à vendre. Elle voudrait profiter du cours actuel des rentes pour échanger une gestion impossible à son âge et dans son état de santé, contre des semestres faciles à percevoir. Mais, monsieur, à qui ai-je l'honneur de parler ?

Je déclinai mon nom et désignai MM. Delessert pour mes banquiers.

— Fort bien. Seymier n'a pour servitude qu'une rente viagère de 3,000 francs payable annuellement par semestres sur une tête âgée de 70 ans, que l'acquéreur s'engagera à compter sans retenue du capital. Cela fait, je serais bien embarrassé de vous dire ce que vous en retirerez. L'impôt s'élève à 1,200 francs. Mon ami m'a toujours parlé de cette propriété comme devant produire 15,000 francs ; il s'en occupait peu ; madame, pas le moins du monde. Entre les mains d'un homme jeune et actif, l'affaire me paraît belle, car l'étendue en est considérable ; près de 900 hectares, beaucoup de bois, de prairies, de pâturages ; la construction du château remonte à Louis XIV, peut-être même à Louis XIII ; toiture en plomb, salle de gardes spacieuse, parquets, plafonds et boiseries en chêne; l'abord un peu pénible, situé sur un plateau de rochers, mais une vue agreste embrassant les montagnes du Forez et de l'Auvergne. C'est, monsieur, ce que l'on peut appeler une belle résidence d'été, un peu sévère, très seigneuriale, et qui retrouve à cette heure un relief qu'elle avait perdu. Nous en ferons bonne composition. Je dois vous prévenir cependant que 150 hectares de bois proviennent d'une vente passée par l'évêque Masillon. Le département prétend qu'il n'avait pas le droit d'aliéner, mais nous savons de bonne part qu'on n'est pas fondé, et que le département ne possède aucun document dont il puisse exciper. Je vous garantirais, moi, cette vente pour une bagatelle. Faites vos réflexions. Il vous convient de voir madame Du Roulée. Je veux l'avertir de votre visite ; allez-y demain, elle demeure place Royale, dans son hôtel. Vous jugerez de suite à qui vous avez à faire. Excellente famille de robe, crême d'autrefois. Cette pauvre dame est bien valétudinaire, bien faible et sans enfants. Elle vous inspirera de l'intérêt, et vous nous payerez Seymier un prix raisonnable ; ce sera affaire faite en un

tour de main. Aussi bien est-elle piquée en ce
moment, très piquée. Je lui laisse le soin de
vous expliquer sa petite colère ; elle a raison et
vous en conviendrez.

Parbleu, pensai-je, voici un brave notaire qui
devrait bien s'appeler M. Tourond, mais va pour
M. Eddon.

— Monsieur, oserais-je vous demander vos
prétentions, sans en rien rabattre ; point d'épingles, point d'étrennes, je déteste ces hors-d'œuvre. Votre prix, votre immuable prix, clair et net.

— Dès que vous vous expliquez, monsieur,
aussi franchement, je vous dirai que nous avons
été sur le point de conclure cette vente sur le pied
de 130,000 francs avec M. de Riberolles, receveur général du département du Puy-de-Dôme ;
il nous avait fait cette proposition, puis, quand il
a vu Mme Du Roulée prête à se décider, il a battu
en retraite. C'est le sujet d'une rancune contre
lui, qui, de même que la baisse de nos fonds
publics, tournera à l'avantage de l'acquéreur.
Voyez Mme Du Roulée ; je vous dirai plus tard
notre dernier mot. Elle s'en rapportera à ce que
je déciderai et aux arrangements que nous pren-
drons.

Je saluai courtoisement mon homme, promettant de revenir après ma visite à sa cliente.

De la rue Saint-Antoine je me dirigeai rêvant et vendant presque déjà mes œufs, mon lait et mon beurre de Seymier, dans la direction de la préfecture de police pour me présenter à M. Anglès.

Oui, pensai-je, chemin faisant, l'Auvergne est centrale, fort saine, les armées étrangères n'y pénétreront qu'à la dernière extrémité, ses habitants sont rustres, mais bons ; la civilisation n'a pas usé son rabot sur eux ; leur danse classique, *la bourrée*, remonte aux premiers âges ; la mélodie en est monotone, agréablement mélancolique ; les épais jupons de bure et les gros sabots qui en frappent le sol ont plu l'année dernière à ma femme et à mes enfants lorsque nous étions aux eaux du Mont-Dore ; pourquoi ne pas se procurer un refuge, pourquoi ne pas, lorsqu'il en est temps encore, assurer ma fortune de cette manière et me livrer à l'agriculture, renoncer aux chances du commerce, à l'effroi des lettres de change ? Achetons 20,000 fr. de rente $5\,^0/_0$; j'en garderai 10 qui couvriront et au-delà les 3,000 fr. de rente viagère qui grèvent Seymier et compenseront le plus faible revenu que j'obtiendrai de mon rural, les autres 10,000 fr. feront à peu près la part de Mme Du Roulée. Tout cela se combine, s'enchâsse admirablement. Mais parlons d'abord au préfet de police, puis allons chez MM. Delessert savoir ce qu'ils pensent de nos finances.

— M. Brölemann, de Lyon.

A cet appel prononcé par l'huissier de service qui m'avait introduit dans le salon d'attente du grand-prêtre de la sécurité parisienne, j'étire mon gilet, remonte ma cravate, boutonne mon frac, j'arrondis mon bras gauche, j'y enfonce mon chapeau et je suis *salutando* devant M. Anglès. Je m'attendais à quelque grave personnage, pesant chacune de ses paroles. Mon magistrat prend un air agneau, bon enfant et communicatif :

— Je connais votre affaire. Votre débiteur n'a pas bougé, il ne bougera pas que vous n'en soyez instruit ; indiquez-moi votre logement. Vous m'êtes recommandé par M. de Sainneville de façon à m'intéresser à vos inquiétudes ; le nommé Pierson n'obtiendra de passe-ports que sous votre approbation, vous serez averti de tous ses faits et gestes.

Je lui témoignai toute ma reconnaissance. Notre conversation se porta ensuite sur Lyon, sur mes relations à Paris, sur la convenance de voir les alliés bientôt quitter le sol français, puis je fus très obligeamment congédié.

— Toutes les fois que cela vous paraîtra nécessaire, vous pourrez m'écrire.

Telles furent les dernières paroles de mon Argus protecteur.

Je me rendis ensuite rue Coq-Héron, chez MM. Delessert. Qu'il y avait loin de l'odeur nauséabonde des fétides ruisseaux de Paris, aux émanations embaumées des pelouses de l'Auvergne, où je me transportais en imagination. Mais, MM. Delessert ne voyaient pas en beau, et malheureusement, très malheureusement, ne me conseillèrent point d'acheter du $5\ \%$. Ils se fondaient sur ce que nos comptes n'étant pas liquidés avec les aigles du nord, il nous en coûterait plus qu'on ne le pensait. Nos caisses publiques auraient de la peine à se remonter. Leur opinion m'assombrit un peu. Ce fut le premier nuage noir qui vint à passer sur les girouettes de Seymier. Si les étrangers n'abandonnaient la France que dans plusieurs années, si l'on doublait les impositions foncières, si les semestres de la rente ne s'effectuaient pas régulièrement, que deviendraient mes admirables combinaisons ? Ma tête se pencha comme celle d'un lys sous une rafale du nord.

J'abordai, ennuyé, l'hôtel de Pierson que je n'avais pas encore vu, et que je trouvai bien plus ennuyé et plus abattu que moi. Il était à genoux devant la Bible, implorant du Seigneur secours et assistance. Cet homme priait et ne m'attendait pas. Cette remarque me toucha et redonna de la valeur à ma créance. Aucune hypocrisie dans son fait; il était donc franchement religieux. Son triste sourire m'apprit qu'il comprenait le motif de mon apparition. Je ne lui dissimulai point nos inquiétudes. Barillon, qui était lui-même son créancier, ne nous offrait qu'une caisse à sec; tout se trouvait donc de l'autre côté de l'Océan, et le pauvre Pierson répétait sans cesse sur un ton lamentable : « Je voudrais être en Amérique ! Pourtant, ajoutait-il, je compte encore sur des arrivages de cotons et sur des remises. » Mais j'avais beau lui chanter : « Pierson, Pierson, ne vois-tu rien venir ? » Rien ne venait.

Le lendemain fut le jour de ma visite à Mme Du Roulée. Me voici sous les arcades sérieuses de la place Royale où jadis les beaux esprits, les notabilités littéraires et galantes, se promenaient, devisant de poésie, d'amour ou des évènements du jour. Je heurtai à un hôtel de froide et magistrale apparence. Au coup de marteau, un cordon m'en ouvre l'entrée ; je suis dans un vaste et humide vestibule où se déroule une rampe montant en spirale. Le xixe siècle disparaissait pour moi, je rétrogradais au xviiie. Ma main se pose sur la houppe d'un ruban de sonnette bleu pâle et fané. Je l'eus à peine ébranlé, qu'un vieux domestique, gris de tête comme d'habit, me montre une figure honnête, et ridée au service de ses maîtres :

— C'est monsieur qui est de Lyon? me dit-il, madame est prévenue de sa visite. Elle aura beaucoup de plaisir à voir monsieur, assurément.

Il s'avança vers une porte de salon. Au moment où il en tournait le bouton, plusieurs petits chiens se mirent à japper et j'entendis une voix faible et tremblotante crier :

— Zémire ! Azor ! Thisbée, taisez-vous ! taisez-vous ! méchantes petites bêtes, taisez-vous !

Je fus annoncé, j'entrai ; j'aperçus sur un ottomane de lampas bleu et blanc presque aussi pâle et aussi fanée que le cordon de la sonnette, la tête ornée d'un ample bonnet de dentelle, une vieille femme débile qui, cherchant à se soulever, avança des bras décharnés entourés de longues engageantes et me dit :

— Monsieur, soyez le bienvenu. Sera-ce vous qui me délivrerez de mon Seymier !

— Madame, lui répondis-je, si mes convenances peuvent s'accorder avec les vôtres, j'en aurai certainement une véritable satisfaction.

— C'est une fort belle terre, monsieur, une des plus seigneuriales de l'Auvergne. M. Eddon a dû vous le dire : Feu M. Du Roulée en faisait beaucoup de cas. Mais mon intendant la gère d'une façon désastreuse pour moi. Je préfèrerais infiniment mieux du 5 o/o.

— Je conçois madame, que vous tiendriez à une rente plus fixe, plus exactement payée.

— Sans aucun doute... Cette terre vous convient, monsieur, croyez-moi. Vous êtes jeune, elle vous convient.

Ici je voulus m'approcher pour relever un mouchoir que Mme Du Roulée venait de laisser tomber. Les petits chiens, blottis sous l'ottomane, firent une sortie furieuse contre moi, et la pauvre maîtresse de recommencer :

—Taisez-vous ! méchantes petites bêtes, taisez-vous ! Je vous demande mille pardons, monsieur, ces épagneuls sont insupportables, mais ce sont mes fidèles.

— Je comprends, madame, qu'ils vous soient attachés.

— Revenons à Seymier. Autrefois nous y allions presque toutes les années avec M. Du Roulée. Nous avions aussi des amis à Lyon, où nous achetâmes l'ameublement que vous voyez. Mais depuis la Révolution je n'y suis pas retournée.

— Peut-être avait-on dévasté le château ?

— Pas du tout, monsieur, les Auvergnats sont les meilleures gens du monde. Quant à Chambart, je ne puis en dire autant, il me gruge, et semble oublier que la propriété ne lui appartient pas. Il faut aller la voir.

— M. Eddon a dû vous prévenir, madame, que des affaires importantes me retenaient forcément à Paris pour plusieurs semaines.

— Je sais tout cela, mais peut-être feriez-vous bien à tout évènement de vous assurer d'un capital en rentes 5 %.

— J'y songeais, mais on me le déconseille.

— Vous entendez les affaires mieux que moi. Je veux vendre et tout ce que vous ferez avec Eddon sera bien fait.

— Madame, soyez bien convaincue que si nous parvenons à nous entendre, vous ne subirez aucune chicane de ma part.

— Je ne forme aucun doute à ce sujet et nous vous ferons bonne composition de ce domaine. M. Eddon vous a raconté, sans doute, que nous avons été en marché avec M. de Riberolles, le receveur général à Clermont. Le croiriez-vous, d'accord sur tous les points, il s'est rétracté et, après m'en avoir offert 130,000 francs, il a osé se réduire à 120,000! Mais il ne l'aura pas. M. de Riberolles, un receveur-général, se comporter de la sorte! Ah! monsieur, que devenons-nous? C'est inimaginable.

— Il faut espérer, madame, que la Restauration amènera des changements et plus de moralité.

— Nous en avons bien besoin, car autrefois les choses ne se passaient pas ainsi. M. de Riberolles! M. de Riberolles! je ne saurais lui pardonner, j'aimerais mieux faire des sacrifices avec vous, mais pour lui, pour lui, jamais!

— Je conçois, madame, que son procédé a dû vous blesser.

— Ces messieurs se croient tout permis. Mais pensez à mon Seymier. Si vous êtes marié et que vous ayez des enfants, vous vous y trouverez, monsieur, tous à merveille. Des lits, des lits, en quantité. Vous n'aurez jamais fait de meilleure affaire de votre vie.

Sans le savoir, la pauvre chère dame disait vrai, et je suis à me demander aujourd'hui comment il se fit que ses façons et ses manchettes engageantes ne me décidèrent pas à conclure ce marché aveuglement. Il y a vraiment des heures néfastes dans la vie.

Il fut convenu que je traiterais comme je l'entendrais avec M. Eddon. Nous nous quittâmes dans les meilleurs termes. Les épagneuls s'étant amadoués, sans doute sous cette impression, se conduisirent plus poliment et ne me mordirent point aux jambes lorsque je me rapprochai de l'ottomane pour prendre congé.

En me reconduisant, le féal valet qui, peut-être, avait écouté à la porte, me dit :

— Faites, faites, monsieur, cette affaire avec madame; vous n'aurez certes pas à vous en repentir.

De plus en plus poussé à cette acquisition, ne pouvant pas manquer à mon mandat et à la délicatesse en quittant Paris, et ne voulant pas acheter sans voir, ce qui me paraissait de la dernière imprudence, je fus retrouver M. Eddon, je lui parlai de ma visite à Mme Du Roulée, je lui représentai que j'étais bien décidé à visiter Seymier, dès que les circonstances qui me retenaient à Paris m'auraient rendu ma liberté, mais que je désirais, sur la promesse de la plus entière discrétion de ma part, en débattre et fixer le prix dès à présent pour n'avoir plus à y revenir. Il fut promptement convenu que je paierais Seymier 120,000 fr. dans les plus courts délais possibles; que j'entrerais en jouissance à la Saint-

Martin ; qu'à compter de ce jour, la rente viagère de 3,000 fr. serait à ma charge, que j'allouerais 2 °/₀ de commission à M. Eddon pour tous ses frais d'actes, honoraires et correspondances, et que j'aurais jusqu'au 2 novembre pour donner à Mme Du Roulée un oui ou un non définitif, cette dernière restant engagée vis-à-vis de moi jusqu'à cette date ; le tout sur parole d'honneur, en nous serrant la main, et prenant des notes chacun de notre côté.

En sortant de l'étude, je me sentis tout fier, tout enchanté, de ma nouvelle qualité de propriétaire de quelques mille arpents au grand soleil, d'un vaste manoir recouvert en plomb. J'arpentai les rues, les boulevards, avec un plaisir indicible. Déjà j'imitais Perrette. La question de savoir comment je peuplerais ma grande salle des gardes ; quel usage je ferais de mon beffroi (car il y avait de tout cela à Seymier) me préoccupait. Deux fois l'an, je ferais danser mes vassaux, je leur jouerais des farandoles sur mon violon. Je pourrais fonder une école, je prendrais pour armoiries un phénix d'argent sur champ d'azur ; pour devise : Je sais brûler et vivre ; délicieuse devise et très opportune dans un pays jadis dévoré par les flammes. Comme cela me donnera du relief ! comme je trouverai vite une demi-douzaine de vieilles et nobles voisines pour faire le soir la partie de boston ! M. Lemercier, le littérateur, qui avait visité cette terre, augmenta encore mon enthousiasme par ses renseignements. Le château, situé sur une boursoufflure volcanique, découvre un immense horizon ; le soir, la chaîne de montagnes du Forez se dore à l'est et ressort admirablement des verts pâturages. C'était immense, on pouvait y faire de l'élevage en grand.

Cependant au dire de MM. Delessert, notre horizon financier ne s'améliorait pas ; nous avions beaucoup à craindre du caprice des étrangers ; je vivais entre l'appréhension de m'engager, de m'immobiliser mal à propos, et le vif désir de me mettre au vert en Auvergne. Et puis il s'agissait de retirer de mon commerce un capital considérable. Que dirait mon frère, mon associé, de cette brusque résolution ? Ma mère qui aimait à nous tenir tous réunis auprès d'elle, n'en serait-elle pas désolée ? N'avais-je pas deux enfants à établir ? Quant à la compagne de ma vie, je l'avais initiée à mes irrésolutions, lui demandant son avis. En femme prudente, elle me répondit qu'un conseil était épineux à donner en pareille occurrence, qu'elle s'en rapportait à mes impressions et ne mettait pour sa part aucun obstacle à la réalisation de cet achat. Où trouver une perspicacité assez puissante pour percer toutes les conséquences d'une pareille détermination ? La plus petite cause n'est-elle pas souvent le germe d'étonnants résultats ? Tantôt une audacieuse étourderie devient la source de grandes prospérités ; tantôt les plans les plus sagement concertés tournent contre vous. Incontestable preuve de deux principes, de celui du bien et du mal, se disputant les destinées de l'homme qui lutte incessamment. Echelle scabreuse de bonheur ou de malheur sur les degrés de laquelle des impulsions parfois indépendantes de notre volonté nous placent irrésistiblement. Enfin, j'étais dans l'état d'oscillation du battant d'une cloche, rendant tantôt un son, et tantôt un autre.

C'est ainsi que se passèrent pour moi plusieurs semaines. Je n'en jouissais pas moins des distractions de Paris. De petits dîners chez l'abbé Morellet qui approchait alors de la centaine, m'apprirent à connaître un de ces hommes de lettres spirituels du XVIIIe siècle, dont la vie pratique démentait les théories, et dont les idées émises avec esprit, destructives des vieux préjugés, préparaient les progrès qui se sont depuis lors réalisés. Il en voulait beaucoup aux lignes de douane, et prétendait que nous étions des sots d'avoir peur de l'industrie anglaise ; que toutes les barrières ouvertes, chaque peuple prendrait le rang qui lui était naturel dans la balance universelle ; que la lutte pourrait bien se prolonger, mais qu'en définitive la force des choses finirait par prévaloir.

Cependant Pierson ne recevait point de remise, les jours se raccourcissaient, les fraîcheurs de l'automne dépouillaient insensiblement les arbres des Tuileries ; mon fils était retourné à Lyon pour y reprendre ses études.

Un soir, à la fin d'octobre, entre dans ma chambre un jeune clerc porteur d'un billet qui m'annonçait que M. Eddon, ayant une communication importante à me faire, m'attendait le lendemain matin à huit heures dans son étude. Nuit d'angoisses, qu'allait-il surgir ? Grand fut mon désappointement en apprenant que M. le receveur général du Puy-de-Dôme, arrivé à l'improviste, s'était fait annoncer la veille chez Mme Du Roulée. Informé qu'il avait une concurrence, il paraissait décidé à se soumettre à ses conditions.

— Mon embarras, me dit M. Eddon, ne vient point que ma cliente contrevienne à la parole que je vous avais engagée, et qui expire sous peu de jours, mais j'ai négligé, je dois vous l'avouer, de lui parler de nos conventions; je m'en excuserai auprès d'elle ce matin et vous les maintiendrai, quoique, en vérité, je ne sache pas comment vous ferez, puisque vous n'avez pas encore pu visiter Seymier. Comme je ne voudrais ni vous désobliger, ni faire manquer la vente, je lui dirai nos accords. Vous aurez la faculté de les accepter ou de rendre à Mme Du Roulée la parole reçue en son nom.

Je remerciai M. Eddon de son obligeante attention.

A midi, je sonnais place Royale. Vieux domestique, petits chiens, engageantes manchettes, tout était à son poste. Mme Du Roulée me confirma les paroles de M. Eddon. Le receveur général, ajouta-t-elle, me tient le pistolet sur la gorge, je serais vraiment affligée de ne pas traiter avec vous, mais si, dans vingt-quatre heures, vous ne terminez pas avec mon notaire, vous me mettrez dans la nécessité d'en finir avec M. de Riberolles, auquel, pour le punir, je demande un prix plus élevé qu'à vous.

Je lui témoignai toute ma reconnaissance, et promis une réponse catégorique pour le lendemain, heureux, si je n'achetais pas Seymier, d'avoir stimulé son premier amateur.

— Oui, oui, monsieur, vous m'avez rendu service, mais j'attends de votre loyauté la réponse que vous me promettez. Je serais pourtant peinée que vous n'eussiez pas Seymier.

Je ne quittai cette respectable dame qu'avec chagrin. Un secret instinct m'attachait au seuil de son hôtel, mes jambes devenaient de plomb pour s'en éloigner. Mais acheter sans voir, dans une région que je ne connaissais pas du tout! Et puis le 5 °/₀ était remonté à 58. Renseignements pris, la rente viagère reposait sur une tête moins âgée qu'on ne l'avait d'abord annoncé. Je ne mangeai ni ne dormis jusqu'au lendemain. Non, non, impossible, acheter sans voir, quelle témérité!... Je prends une plume, du papier satiné... je m'assieds seigneur, marquis, comte, baron de Seymier et je me relève : Jean sans terre.

Adieu à mes beaux rêves, adieu à mon frais beurre d'Auvergne. La lettre qui déliait Mme Du Roulée passa de ma poche dans la boîte la plus rapprochée du Trésor public. Cette boîte, dépositaire fidèle et parfois infidèle du secret des familles, cette boîte tour à tour dispensatrice de tant de biens et de tant de maux, je restai deux ou trois minutes devant elle, l'œil hagard, la consternation dans le cœur, puis me tournant brusquement du côté des boulevards, j'entraînai vers le cimetière du Père-Lachaise, pour y enterrer les regrets dont je sentais grandir le germe, un de mes amis rencontré par hasard. Là, je trouvai fastueusement inscrits sur le marbre les noms de grands propriétaires, insouciants des châteaux qu'ils avaient habités. Là, toutes les vanités se taisaient sur le sol humide encore de la pluie du matin. — Un tertre de fraîche date recouvrait les os fracassés du maréchal Ney. Plusieurs inscriptions au crayon parlaient de sa gloire et maudissaient ses juges. Des opinions contraires les contredisaient. Sur la tombe d'une jeune fille, un chat traîtreusement couché guettait dans le buisson voisin un pauvre oiseau que l'approche des frimas commençait à engourdir, et qui jetait des cris plaintifs à des hommes qui ne se plaignaient plus. L'automne est la saison des cimetières. C'est celle de la mélancolie. Et cependant après la triste impression des feuilles qui tombent, j'aime à y contempler aussi le réveil du printemps, ce grand linceul d'herbe verdoyante, qui se substitue magiquement à celui de la neige, et qui pare l'homme mort de toutes les espérances de l'homme vivant. Résurrection, voilà ton image ! Toutes les pages du grand-livre de la nature sont marquées de profonds enseignements. Pourquoi préfère-t-on souvent à cette nature si éloquente le langage des écoles et son obscurité ? Pourquoi ces barrières mises par l'homme jusque dans l'uniformité de la mort ? Qu'elles recouvrent des catholiques, des protestants ou des juifs, toutes ces tombes ne sont-elles pas éclairées par les rayons du même soleil ?

La dose de philosophie que je venais de puiser dans ce champ de repos combattit assez bien mes incessantes réminiscences du Puy-de-Dôme. Je rangeai Seymier au nombre des volcans éteints dont la flamme et la fumée avaient agité mes jours d'automne et je ne m'occupai plus que de M. Pierson. Mes commettants et compagnons d'infortune m'ayant insinué par correspondance qu'il serait à propos de ne pas prolonger indéfiniment mon séjour à Paris, je lui proposai de revenir avec moi à Lyon.

— Je ferai tout ce qu'il vous plaira, me dit-il. Mais revenant à sa ritournelle favorite : « Je serais bien mieux en Amérique et vous y rendrais plus de services. »

Je tins bon néanmoins. Trois jours après, son passeport fut visé à la police sur l'approbation que m'avait fait demander M. Anglès et nous regagnâmes les bords du Rhône, non sans que des environs de la ville de Moulins, je n'eusse jeté des regards fort mélancoliques sur les montagnes déjà blanches de l'Auvergne.

Les doléances de Pierson sur la prolongation
de son inutile séjour auprès de nous, ses sentiments religieux dénués de toute hypocrisie, enfin
la crainte que nous eûmes de le voir emprison-
ner par ordre de son créancier de Paris, Barillon,
nous déterminèrent à le presser sur nos cœurs et
à devenir ses protecteurs, ses libérateurs, après
avoir été ses gardiens. Nous le fîmes changer de
logement sans que son hôte sût ce qu'il était devenu, et le lendemain de cet escamotage amical,
une voiture le transporta dès la naissante aurore
à Montluel, où il prit la poste pour la Hollande,
vivement prié de ne pas oublier, lorsqu'il touche-
rait aux forêts vierges de la Pensylvanie, le scru-
puleux rendement de compte auquel il s'était
engagé envers ses amis d'Europe. A quelques
mille francs près, le brave homme tint parole ;
nous rentrâmes successivement dans nos avances ;
mais par une singulière fatalité, ce sentiment
religieux, qui avait si bien servi nos intérêts, finit
par lui devenir funeste. Sa dévotion dégénérant en
crédulité, il devint la dupe et la victime d'un astu-
cieux prédicant, espèce de prophète illuminé, et,
croyant obéir au ciel, il testa en sa faveur. Quelques jours après il mourut, dit-on, empoisonné.

Dans l'intervalle, le 5 % remontait graduelle-
ment. On s'arrangeait avec nos vainqueurs ; des

emprunts se préparaient dans l'ombre et bientôt l'on tint pour vérité que : plus on doit, plus on devient riche. En France, point de juste milieu. De l'abîme on se relève brusquement à l'apogée. La fusée des emprunts s'alluma et partit. Le même 5 %, qui ne valait que 50 fr. au mois de septembre, était à 80 fr. au retour de la violette. Les banquiers qui en étaient bourrés en donnè- à lèche-doigt à leurs amis ; les alliés empochè- rent et emportèrent notre argent. On cria : Vive la France ! et tout fut au mieux.

Et Seymier ? Il n'était pas complètement effacé de mon souvenir. J'enviais en secret le bonheur du receveur général qui bientôt faucherait les foins que j'avais possédés pendant plusieurs se- maines. Ah ! si j'avais eu à m'occuper de cette acquisition au printemps, alors qu'une sève nou- velle redonne de la force aux idées, peut-être aurais-je eu plus de courage ! N'importe, il faut savoir ce que l'affaire est devenue. J'écris à Eddon. Fatalité, incroyable fatalité ! En quittant Paris j'aurais eu tout le temps de visiter la propriété avec Pierson, car le receveur général qui était arrivé à Paris pour me l'enlever, n'avait rien ter- miné. Au mois de mars seulement, deux épiciers de Clermont s'en étaient rendus maîtres au prix de cent quarante mille francs !

L'instant, le cruel instant où le million manqué se dessinerait mieux encore, vint après 1830. Causant avec plusieurs amis de Clermont de l'étonnante progression des valeurs territoriales dans leur département, j'appris que les nouveaux propriétaires de Seymier en demandaient 600,000 fr. Et d'autre part le 5 °/₀ se rapprochait du pair.

Mais que sert-il de se désoler? Les circonstances ne pouvaient-elles pas tourner autrement, et le *memento mori* ne doit-il pas servir de digue à notre ambition? Je me plais à rappeler ces mots si philosophiques d'un vieux sage de Berlin, d'un vieux Caton, connu sous le nom de l'oncle Platzmann :

— Eh bien, mes amis, disait-il à ses neveux lorsqu'il les entendait gémir de superbes chances de fortune manquées, — quand vous auriez des millions, des millions et encore des millions, mangeriez-vous des poulets de velours?

Oui, c'est vrai ! on ne mange pas « des poulets de velours », et, par une soif inextinguible des richesses, l'homme sage ne doit pas courir la chance de se précipiter, lui et les siens, d'une position facile dans l'embarras, quelquefois dans la misère.

LES CONTRASTES.

20 juin 1836.

VANT-HIER, la Providence ou la nature, comme il plaira à chacun de l'entendre, s'occupait chaudement des besoins de l'humanité ; le thermomètre marquait au moins 25° ; les blés jaunissaient à vue d'œil ; partout la végétation faisait de rapides progrès vers sa maturité ; partout cette fermentation d'été si sensible, cette incandescence, cet ardent foyer de reproduction qui promet l'existence à tous les êtres. Et cependant, quel contraste ! en face de nos fenêtres se terminait une longue vie. Madame M..., une ancienne voisine, rendait le dernier soupir. Voisine, il est vrai, sans affinité, sans correspondance avec notre intérieur ; mais tout au moins une de ces bonnes, vieilles, charitables, vertueuses, religieuses et excellentes dames à qui l'on ne veut aucun mal, à qui l'on ne fait aucun bien ; qui, se récréant à la fenêtre, nous regardait depuis trente-cinq ans de ce regard pénétrant que mettent les chiens à épier ce qui se passe dans le cœur et la volonté de l'homme. Trente-cinq années donc, pour le moins, derrière ses vitres, ou bien sur l'accoudoir de ses croisées grandes ouvertes, à peu de toises de distance horizontale, œil contre œil, nez contre nez, âme contre âme, sans autre truchement que la voie publique, nous avions réciproquement, sans nous parler, sans même nous saluer, laissé s'écouler la vie. Madame M... et les siens étaient pour nous des êtres fantastiques, une collection d'automates mouvants, une inévitable décoration de la grande rue des Feuillants. Déjà, depuis quelques années, son mari, en lui montrant le chemin de la tombe, nous avait privés chaque matin du spectacle de sa robe de chambre de molleton et de son casque à mêche blanc, de sa figure sèche et bistrée, de sa longue pipe de Hollande, des brusques bouffées de fumée qu'il expédiait en tout temps et à toute température, la tête profilée du côté du midi. Il était mort, dignement mort ; regretté je veux le croire. A cette heure venait le tour de sa veuve. Nous la savions souffrante, s'amoindrissant chaque jour ; mais d'épaisses murailles, assombries comme elle par les années, de hautes fenêtres à petits carreaux de verre, ternis comme elle par la loi générale, ne nous permet-

taient pas de savoir ce qui se passait dans son
intérieur; quand il advint que le 27 juin au soir,
sa chambre aérée, l'éclat des cierges et la silen-
cieuse solennité de l'appartement se rendirent les
interprètes de son trépas. Nous vîmes qu'elle
n'existait plus, de même que pendant trente-cinq
ans, nous avions vu qu'elle vivait. Rien de plus!

Cette mort nous arracha un profond soupir.
Adieu, adieu à ce long vis-à-vis! Nous nous
plaçâmes pensifs sur notre balcon, à la belle et
limpide clarté d'une lune ravissante, au bruit
lointain du Rhône, entourés de fleurs et d'ar-
bustes parfumés. L'instant était grave; la défunte n'avait plus rien à faire de cette lune, des
fleurs, du bruit du fleuve, son âme était partie!

Voilà que tout à coup des cris plaintifs se
font entendre dans la demeure au-dessus de
la chambre occupée par le cercueil, cris de
douleur aiguë et d'angoisses. C'était au-dessus
du cadavre, un enfant qui voulait naître, une
jeune femme aux douleurs, offrant un rempla-
çant à la cité. Nous poussâmes un second gros
soupir, et bientôt après, certaine petite voix
claire, fraîchement éclose, nous apprenait que
la redoutable entrée du monde venait d'être
forcée. Le lendemain, baptême, collation et fête
chez l'accouchée; luminaire, deuil et prières

chez la morte. L'espoir et le désespoir terrestres, séparés par un mince plafond! L'être humain commençant, l'être humain fini; des destinées accomplies, des destinées à venir. Et nous, de nous replacer inaperçus sur notre balcon au clair d'une lune plus belle encore, car elle avait grandi d'un jour, et nos réflexions de grandir aussi. Que de leçons dans les contrastes qui constituent l'ensemble de la création! Quelle harmonie fondante, quelles gradations insaisissables pour arriver du clair au sombre, de la chaleur au froid, d'un fœtus à une créature douée de rares qualités. Humilions-nous devant les profondes conceptions qui dirigent cette grande œuvre universelle! Pauvres atômes qui concourons à la perpétuation de cette œuvre, nous retournerons tous successivement à la poudre; mais l'âme, cette âme sans cesse à la découverte de la vérité, cette âme qui cherche, de sphère en sphère, celles qui l'ont précédée, qui se pénétre des contrastes, qui les admire et qui en frémit, n'est-elle pas appelée à d'autres destinées? N'en doutons pas et vivons en conséquence, ne perdant jamais de vue la volonté supérieure d'où émanent tous ces contrastes!

HISTOIRE LAMENTABLE D'UNE CALÈCHE

NE voiture passe pour un objet mobilier! En effet, rien de plus mobile, de plus roulant, et cependant elle participe de l'immeuble, elle a sa cave, son escalier, ses fenêtres, son toit; on y dort, on y mange, on y boit, on y médite, on y a tous les rires de bonheur, tous les accès de la colère, toutes les impatiences de fortune et d'amour. Elle fait des jaloux, des mécontents, des envieux, des victimes même, car il lui arrive parfois d'éclabousser et d'écraser les gens sur son passage.

Les progrès du XIXe siècle ont encore augmenté son importance ; entraînée par la vapeur, elle menace l'ordre social de métamorphoses inconnues jusqu'à ce jour. Cher lecteur, si vous en possédez une, berline, coupé, calèche ou cabriolet, remisée quelque part, que cette lamentable histoire vous soit un avertissement.

J'avais une calèche, une bonne calèche, sortie, il y a environ trente ans , d'un des premiers ateliers de Paris. La chronique rapporte qu'elle y fut construite par ordre d'une riche personne du sexe féminin alliée à tous les grands drelin-din-din, constituant ce que l'on nomme le *Haut* à Genève. Cette dame ou demoiselle, ayant l'épine dorsale tristement affectée, on avait pris grand soin de rendre la voiture aussi douce, aussi élastique, aussi commode que possible. Capitonnée en maroquin, garnie de poches à l'avenant, elle permettait de se dorloter tout à son aise. La vache sur l'impériale, la malle en cuir noir bien écrouée sur le derrière, les magasins par dessous et par devant, trois caissons intérieurs, pouvaient amplement contenir tout ce qu'une pauvre malade traîne à sa suite, et tout ce qu'un homme bien portant peut désirer, afin de ne pas tomber malade. Mon gendre l'avait achetée pour moi des héritiers de la défunte. Je n'affirmerai point qu'elle fût élégante. N'étant plus d'une grande jeunesse, elle avait perdu sa première fraîcheur ; quelques rides commençaient à sillonner son vernis vert foncé, mais elle était infiniment confortable et agréable, ayant couru le monde, connaissant l'Angleterre et l'Italie. Ce ne fut pas sans un plaisir extrême que ma chère femme et moi en prîmes possession ; sa garniture, en cuivre argenté, lui donnait encore certain air cossu, et lorsqu'il fallait dételer ou atteler les trois chevaux indispensables pour la traîner, les valets d'écurie ne manquaient jamais de lui témoigner un évident respect. Pendant quatre ans, toujours bonne et fidèle, elle nous transporta sans accident en Provence, aux Pyrénées, à Plombières, en Suisse. Comment ne pas s'attacher à ce domicile nomade ? N'affectionne-t-on pas un appartement, un vieil habit, jusqu'à de laides pantoufles ? Pourquoi ne pas éprouver le même sentiment pour une voiture avec laquelle on a bravé tant de dangers ?

Aussi me voyait-on rebelle à la pensée de m'en défaire lorsque, devenue inactive, elle resta confinée sous la remise d'un sellier. Mon cœur se délectait encore au sentiment de sa possession et ne pouvait oublier ses nombreux services. Apprenez, cependant, que la puissance de la loi confiée à la diligente plume d'un huissier, peut en quelques heures, alors que vous êtes bien tranquille à la campagne, vendre, à votre insu, un bien aussi précieux.

Apprenez que vous pouvez être légalement

dépouillé au profit du propriétaire de la maison occupée par le sellier ; qu'à vos réclamations, qu'à la preuve par vous apportée, que depuis plusieurs années vous payez régulièrement votre location de remisage, dame Justice, sa balance à la main, répondra :

— Tant pis pour vous. Pourquoi ne lisez-vous pas les annonces judiciaires ?

— Mais j'étais à la campagne, j'étais absent.

— Tant pis pour vous, c'est la loi.

Grand merci à la loi et à son efficace protection ! Grand merci au sellier qui laisse prendre, à l'indélicatesse qui me pille, qui, pour se couvrir de quelques cents francs, fait clandestinement vendre à vil prix, pour 1,100 fr., plusieurs voitures appartenant à d'honnêtes citoyens et ne représentant pas moins qu'un capital de dix-mille francs. Grand merci !

Voici, lecteurs, ce qui vient de m'arriver. J'ai pu voir, et j'ai vu ce matin, ma calèche dans la remise qu'elle occupait aux Brotteaux, rue Boileau. On m'a dit : « Vous pouvez la toucher, mais elle n'est plus à vous ; elle vous avait coûté 2,000 francs, c'est possible, mais elle a été adjugée pour 200 francs, servant à désintéresser d'autant M. B... Elle est maintenant la propriété de trois démolisseurs de voitures. La vente est bonne, les tiers-acquéreurs étaient de bonne foi. Vous êtes, nous en convenons, indignement spo-lié ; il vous reste la ressource de plaider, mais vous avez toute chance de perdre, car la vente est bonne. »

Charmant ! Ainsi moi, qui ne dois rien, j'ai payé M. B..... Et il ne m'est resté pour consola-tion que d'examiner encore ma pauvre voiture, d'en ouvrir les portières, de prendre tendrement congé d'elle, et de mettre à la porte le jour sui-vant les démolisseurs venus pour me proposer d'acheter à vil prix ses coussins et ses lanternes prudemment conservés dans mon logis.

O Diogène, toi qui secouas le monde, tu as connu le secret d'être heureux ! Dans ton ton-neau, tu ne portais pas de gants jaunes, ta barbe était longue, tes ongles crochus, mais tu n'atta-quais pas le bien de ton semblable, tu te bornais à gratter le fumier de l'humanité, tu riais de tou-tes ses turpitudes ! O Diogène, tu n'avais pas de calèche, tu ne te créais aucun besoin, aucun souci ! Hélas ! les superfluités font le malheur de l'homme. De bonnes jambes pour marcher, de bonnes dents pour mâcher, une peau de bête pour se couvrir, une tête de chardon pour se peigner, n'est-ce pas là le nécessaire ?

A cette heure vous connaissez les conséquences du luxe, les conséquences d'une calèche
qui ne vous laisse que du dépit, le cœur pour
souffrir, et beaucoup de rancune contre M. B....

MA CORRESPONDANCE A BRULER.

Février 1836.

ONSOMMERAI-JE ce grand sacrifice? Je conserve sur le rayon supérieur de mon secrétaire, soigneusement étiquettée, une correspondance de quarante années, témoignage authentique de l'esprit et du cœur de ceux qui traversèrent la vie avec moi; plusieurs, mes parents, mes amis; d'autres, au rang de simples relations à qui le hasard permit de naître sur mes pas et dont le destin me sépara promptement. De toutes ces affiliations, quelques-unes existent encore; beaucoup d'autres ont disparu, ne me laissant pour héritage ou pour souvenir que ces signes épiftolaires, preuve certaine de leur intelligence. Tant de bonnes pensées, tant de vœux, les signes les plus nobles d'une essence impérissable, il faudrait les anéantir! il faudrait faire disparaître à jamais ces archives de l'amitié? Non, c'est un trop douloureux sacrifice que de se dépouiller volontairement sur cette terre de tout ce qui nous reste des âmes que nous chérissions! Un fil, un lien spirituel, nous rattache encore à elles, seul il a bravé la destruction, et nous irions le trancher? Un portrait : impossible à l'affection de le briser; des cheveux, relique précieuse de l'être qui n'est plus : impossible aux sens les plus intimes de s'en détacher; et ces lettres, ces trésors de l'esprit, que rien ne peut remplacer, je les livrerais aux flammes, j'ajouterais ainsi à cet isolement spirituel, qui va grandissant chaque jour, autour du vieillard? Non, je ne m'en sens pas le courage. Le culte sacré du cœur me le défend. Mieux vaut que ceux à qui la loi remettra mes clefs se chauffent au brasier de tant de bonnes paroles. Ils en verront la fumée sans regret. À tout risque, je garde mes lettres! Grâce à elles, je voyage dans le passé, je me rajeunis; chaque timbre devient un jalon, chaque date rend un son de ma vie.

A PAULINE.

Jour de Pentecôte, 3 Juin 1838.

IL y a un an, souffrante! aujourd'hui, morte!.. oui, morte, et mon bonheur aussi. Chaque jour n'ajoute-t-il pas à la voie désolée que tu as ouverte pour moi, bonne et excellente compagne! Je me retrouve à un an de distance, écrivant près du lit où je te soignais. Ta pauvre tête brûlante, ton corps si patient n'y reposent plus. Mais Thierry m'apporte une rose, une rose à peine entr'ouverte, une rose du Bengale au feuillage sombre, la première née et cueillie sur ta tombe. Chère Pauline, me vient-elle, de ta part, cette rose? Cueillie le jour de Pentecôte, où la parole de Dieu pénétra le cœur des apôtres, n'as-tu pas voulu parler ainsi mystérieusement au mien, et me consoler? Oui, tu étais une âme d'élite! tu dois être en quelque lieu bien heureuse. Qu'avec bonheur je m'étendrais à tes côtés ! Mes enfants sont bons et affectueux, je le sens, je les aime ; mais rien ne peut remplacer pour moi cet écheveau filé de trente-huit ans de souvenirs du même brin, au même foyer ; cet écheveau toujours blanc et pur de ton côté, plus terne et plus cassant du mien. Aussi est-ce la plus mauvaise partie qui est demeurée pour survivre à l'autre...

LES DOULEURS DE L'AGE.

15 Mars 1847.

PLUS notre âge augmente, plus aussi sentons-nous s'aggraver nos charges et nos peines de cœur. Nous voyons se briser successivement nos liens les plus intimes. Ceux qui étaient en rapport d'habitude avec notre vie spirituelle et matérielle disparaissent. Nos forces s'affaiblissent ; les générations qui nous suivent se ramifient, mais tous ces nouveaux cœurs ne peuvent avoir pour nous la même affection que ceux auxquels ils succèdent. Plus rien de commun, que le souvenir, avec les tendres amis qui avaient partagé nos jours de fête et de deuil. Ce souvenir les poursuit, il est vrai, par delà les nuages, les rêve soumis à de nouvelles épreuves ou refugiés dans le sein de Dieu. Mais l'œil, ici-bas, que voit-il ? des places vides. Rien, absolument rien, là où se trouvaient ceux qui nous attiraient, qui nous aimaient, qui nous le disaient, qui doublaient notre existence. Pauvres vieillards, vieux arbres secs, entourés de jeunes rejetons qui ne peuvent pas lever la tête assez haut pour examiner ce qui se passe dans celle de leurs prédécesseurs! Hélas! riches d'une longue expérience, nous voudrions la communiquer avec conviction, avec tendresse, à ceux qui nous touchent de plus près. Il ne nous comprennent pas, ils nous regardent étonnés, ils n'ont pas vécu de notre vie, ils ne sont plus de notre temps et pour peu que nous creusassions leurs pensées, nous y trouverions celle-ci : Que nous veut donc cette figure ridée, cette barbe blanche? Prétend-elle nous apprendre à marcher, elle qui peut à peine se soutenir? C'est-ce qu'ils disent tout bas et nous souffrons, nous souffrons des écueils auxquels nous les voyons s'exposer; et nos exhortations, nos recommandations, retombent amères sur nos cœurs. Pénible sentiment que celui de se voir tenu pour radoteur!

Ce qui redouble surtout les douleurs de la vieillesse, c'est de conserver un cœur sensible et chaud sous une enveloppe sévère. La maison est encore bien agencée intérieurement, et cependant son extérieur gothique repousse le jeune voyageur.

Heureux les vieillards qui, jusqu'à leur dernier jour, sans déchirure profonde, doués d'une égalité parfaite de caractère, doucement et religieusement résignés, promènent un œil serein et bienveillant sur tout ce qui les entoure !... Ne devons-nous pas les assimiler à ces calmes rosées du soir qui rafraîchissent moralement les familles ? Ils attendent paisiblement que le temps dénoue délicatement le fil qui les attache à la terre pour les attirer vers d'autres régions.

A PAULINE.

17 Juillet 1847.

Il y a dix ans que ma pauvre Pauline a quitté la terre. Il y a dix ans que je m'agite seul au pied de la montagne où elle repose. Le Rhône qui coule sous mes yeux va s'épurer au sein des mers. Comme le fleuve, l'homme commence petit, marche et disparaît. C'est dans un monde meilleur qu'il est destiné à s'épurer. Cette pensée de notre immortalité serait-elle née, se perpétuerait-elle, si elle n'était qu'une chimère ? Une voix secrète ne nous dit-elle pas que nos misères auront un terme, que nous devons couronner nos douleurs de cyprès et d'espoir. A la terre, les cyprès qu'elle produit ; au ciel, la confiance, la patience. Ballottés sans cesse du présent à l'avenir, nous ne trouvons dans le présent qu'une suite d'appréhensions et quelquefois de jouissances éphémères. Vainement veut-on fixer ces jouissances, elles coulent comme le Rhône, elles fuient comme des ombres sous le soleil, comme la nue dans les cieux. Quelques-uns parlent du positif, prétendant s'attacher au positif dans ce monde. Dérision! Le positif, c'est la mort et l'espoir d'outre-tombe. Cette idée seule a de la permanence; sa sainte racine est en Dieu qui fait vivre, qui fait mourir, qui laisse espérer, qui veut que l'on espère en Lui ou que l'on se désole. Je le sens, Il est maître de ma douce compagne, de notre fille. Pauline! Elfride! vous êtes en sa puissance ! Que ce soit ma paix !..

LES HOMMES ET LES PENDULES.

Je ne vois jamais marcher l'aiguille des pendules sans songer à la similitude qu'elles présentent avec la vie de l'homme. Retard ou paresse ne se valent-ils pas ? La pendule qui avance me fait penser à l'empressement de ceux habitués à tout entreprendre de bonne grâce. Quand l'heure est marquée très exactement, je me crois en présence de braves militaires, d'assidus teneurs de livres, esclaves soumis du temps et de leur ponctualité.

Que les ressorts, au contraire, manquent de précision, qu'une intermittence de régularité et d'irrégularité se manifeste, elle devient l'image de personnes sur lesquelles on ne peut guère compter, de ces personnes qui, dans le monde, font les choses ou trop tôt ou trop tard, surgissent ou ne viennent pas à propos, dont les affaires décousues et mal conduites n'inspirent aucune confiance.

Quand je fixe l'œil sur la première heure du cadran, il me semble qu'une vie humaine commence ; chaque minute marque un progrès jusqu'à la sixième heure ; puis vient le déclin ; lorsque le timbre a résonné pour la douzième fois, la mort apparaît, le silence se fait. On remonte la pendule ; aussitôt une nouvelle existence commence.

Que de fois en entendant sonner minuit ne me suis-je pas livré à ces réflexions ! Que de fois le bruit du balancier n'a-t-il pas correspondu aux pulsations de mes artères, aux battements de mon cœur, pendant le silence des heures où tout dormait et dans la ville et dans les champs. C'est le temps qui nous parle en fuyant. Qui ne se sentirait saisi en suivant ce tic-tac qui nous vieillit incessamment, ce tic-tac qui nous conduit vers un but inconnu, qui accompagnera notre dernier moment, et qui ensuite continuera pour d'autres, toujours en avant, toujours au service de l'éternelle pendule, marquant les saisons, le mouvement des mers, le voyage mystérieux des astres dans l'espace. Mon esprit me dit clairement que derrière la capsule de cette merveilleuse horloge, dans d'insondables profondeurs, puisqu'elles sont infinies, il est une puissance qui règne, qui élabore, qui de son souffle créateur maintient l'équilibre sans lequel tout tomberait en confusion et retournerait au chaos. Pensée imposante, source de crainte, d'espérance et d'adoration !

La matière et la forme des pendules ne correspondent-elles pas aussi aux conditions de la vie de l'homme, à son histoire ? Ces boîtes en sapin verni, fabriquées dans les montagnes de la Forêt-Noire, avec leurs contrepoids en plomb, leur réveille-matin et leurs coucous, ne sont-elles pas la représentation de l'homme champêtre, simples comme lui. Elles lui disent : « Lève-toi, bêche la terre et prie ».

Ces beaux tabernacles, incrustés en écaille ou en cuivre, portant des statuettes dorées et supportées elles-mêmes par des figures et des ornements de métal, sont, de leur côté, les interprètes du luxe imposant de Louis XIV. Viennent les coquilles, les volutes, les branchages rococos, se tordant révoltés des scandales de la Régence et de la corruption de la cour de Louis XV. Puis les honnêtes grosses timbales tenues par des génies, des bergers, enchassées dans la lyre d'Apollon ; elles appartiennent aux vertueuses années de l'infortuné Louis XVI. Ensuite, les figures calquées sur l'antique, de la République et de l'Empire français, sévères, énergiques, n'indiquant le vol rapide du temps que par de sanglants exploits. Devant la Restauration, les héros grecs et romains se retirent, elle détrône aussi les Voltaire, les Rousseau. Fi des philosophes! Vivent le moyen-âge et ses ogives! La pendule adopte l'architecture gothique ; Bayard mourant ; Henri IV chevauchant, les châtelains et les châtelaines sur nos cheminées, le faucon sur le poing ; leur triomphe renaissant se met à sonner. Mais le temps ne s'arrête jamais ; bientôt une nouvelle révolution nous invite à croire que nous n'aurons plus ni lys ni blasons, mais des coqs vigilants, des magistrats austères : Erreur ! Pêle-mêle complet ! L'époque n'a plus de couleur politique ; je me trompe, elle les a toutes. La légitimité, la dynastie de Juillet, le radicalisme, ont chacun leur pendule. Ici, des anges consolateurs abritent le cadran de leurs ailes dorées ; là, l'*Esméralda* de Victor Hugo caresse sa chèvre ; Marius médite ; l'albâtre de Florence, ses statues, ses fleurs transparentes rappellent la pureté du temple de Vesta ; Guillaume Tell tend son arc ; l'industrieuse abeille sort de sa ruche ; l'aveugle Bélisaire ne sait où nous allons ; toutes ces pendules sonnent et résonnent au bruit des premiers chemins de fer.

Bien fin qui nous dirait la forme et la significa-
tion des pendules à venir !

Mais si je peux avec une clef remonter ma
pendule, où donc, frêles mortels que nous sommes, trouver la clef qui en agira de même avec
nous ? Les dignes enfants d'Esculape crieront
tous : la nôtre ! la nôtre ! Et quand ils nous les
montreront, lancette de Broussais, eau froide de
Prietznitz, globules d'Hahnemann, ordonnances
des vieux docteurs illustrés par Molière, ce seront
autant d'épées qui se croiseront....

Non, il y a en nous autre chose qu'une ma-
chine, c'est l'âme. Soignons-la, car elle est notre
véritable clef. Quand cette clef nous manque,
aucun horloger sur la terre ne peut nous la rendre. Gloire au mystérieux forgeron qui l'a créée !
Qu'à l'instar des pendules, faisant résonner de
douces mélodies, nos accents d'admiration et de
contrition montent jusqu'à Lui !

LES BALANCES.

Un vieux sage, ou plutôt un vieux fou, tenant moins à connaître la rapidité de la marche du temps qu'à peser scrupuleusement toutes ses actions, jugea convenable de placer sur sa cheminée, au lieu de pendule, une paire de balances en argent artistement travaillées. Sa vie était si uniforme, soit par l'emploi qu'il en faisait, soit par l'heure invariablement fixe de ses repas, que son estomac l'avertissait avec une admirable précision du moment de se mettre à table. Instinctivement, quand il rentrait chez lui, son premier regard était pour s'assurer si les bassins de ses balances avaient un parfait niveau, car il réglait tout sur elles et ne prenait jamais une résolution sans avoir écrit sur des petits bulletins, d'un poids parfaitement égal, tous les *pour*, tous les *contre*, les *si*, les *car*, les *mais* imaginables. Sa prévoyance épuisée, la chute d'un bassin, d'un côté ou d'un autre, terminait son irrésolution. Les balances avaient parlé; elles lui tenaient lieu d'oracle. Ces balances l'avaient empêché de se marier avec une riche et jolie personne. La beauté et les sacs firent d'abord tout pencher d'un côté; puis les inconvénients prévalurent de l'autre; il ne put jamais parvenir à trouver un satisfaisant équilibre.. Après huit jours de ballottage, il s'écria tout consterné :

— Non, je ne me marierai pas; je ne le puis. Mes balances ne me disent jamais combien d'enfants j'aurai, et je veux avant tout et en tout savoir ce que je fais.

Pour se distraire de ses velléités matrimoniales, il se décida à s'abonner au théâtre. Bien entendu qu'il n'y allait que de deux jours l'un, qu'il se plaçait tantôt au parterre, tantôt au paradis, par amour pour l'équilibre.

Il aimait à pêcher et à chasser, mais il se serait bien gardé de pêcher et de chasser deux jours de suite; il alternait entre le fusil et les filets, toujours pour balancer ses sensations. Lisait-il un journal ministériel, vite, il lui faisait succéder une feuille de l'opposition. Les romans d'Eugène

Sue, il les équilibrait par ceux de Mme de Genlis. Il n'aurait pas fallu que son tailleur lui confectionnât un habit ou un gilet ayant sept boutons ; tout de suite, il en faisait retrancher un, ou ajouter un huitième. Il ne se regardait au miroir qu'entre deux glaces, afin de s'envisager sous deux faces différentes, et quand il le faisait, il s'indignait de ce que la nature, qui nous avait doués de deux jambes, deux bras, deux yeux et deux oreilles, ne s'était pas montrée plus complétement juste, en nous accordant aussi deux bouches, l'une pour manger chaud, l'autre pour manger froid.

Il n'acceptait d'invitation qu'après s'être assuré que l'on y serait en nombre pair, et autant d'hommes que de femmes : le nombre 13 le faisait fuir. Montait-il à cheval, c'était sur un pie, afin qu'il ne fût ni complètement blanc, ni complètement noir. La couleur de ses vêtements, jamais tranchante ; un mélange gris, ni chien ni loup, et quand il s'était promené une heure, le matin, il se serait cru en danger de mort de ne pas se promener aussi une heure, le soir. Il ne marchait qu'au milieu de la rue sans se soucier des trottoirs, seul moyen, prétendait-il, d'éviter que les tuiles ne lui tombassent sur la tête. Il n'entretenait ni caniches, ni chats, parce qu'il trouvait que c'eût été trop d'en avoir quatre et qu'il tenait à la paire.

A cinquante ans, las cependant de cette existence solitaire, il songea de nouveau à prendre femme.

— Cette fois, je procéderai si bien à ce choix, dit-il, que mon bonheur sera certain. Je compte un demi-siècle ; je veux que celle qui portera mon nom, représente la moitié de mon âge : vingt-cinq ans. C'est un degré de perfection ; plus jeune, l'équilibre serait douteux. Je n'ai plus ni père ni mère. Elle me convient orpheline. Ma fortune se monte à un bon million, la sienne doit être équivalente ; je ne ferai pas grâce d'un centime. Comme cela ira bien dans mes balances !

J'ai l'œil gauche affecté d'une tache blanche, va pour une tache blanche dans l'œil de ma future ! Je boite un peu d'une jambe, elle m'imitera de l'autre. Oui, je sens qu'il faut faire une fin, que je dois me marier, et si le ciel m'accorde des descendants, j'espère que je n'aurai que des jumeaux, toujours pour remplir les deux coquilles de mes balances, et jouir d'une bienheureuse harmonie dans ma famille.

Après d'actives et minutieuses recherches, la personne, en tout conforme à ses souhaits, fut dénichée, gracieuse malgré ses petites imperfections et tellement identique avec son individu, qu'il ne lui manquait pas même la petite verrue que ce sage portait au menton, et l'absence de deux incisives dont il avait pris congé en se les faisant arracher le même jour.

On se rendit à l'église en deux voitures ; on se maria deux fois, lui étant protestant et elle catholique, ce qui complétait la pondération spirituelle.

Est-il besoin de vous dire que la cérémonie fut des plus compassées ? Sitôt achevée, les conjoints s'embrassèrent respectivement et alternativement plusieurs fois sur la joue gauche et sur la joue droite. Lui, était au comble du bonheur. Avant de remettre la direction de sa maison à la nouvelle souveraine, il voulut veiller, lui-même, une dernière fois, à la symétrie du repas. Elle fut admirable ; tout, jusqu'aux petits pois et aux dragées, était par nombre égal ; mais la vieille Marion, son factotum, en lui aidant, branlait la tête et disait :

— Ah ! Monsieur perdra vite ses bonnes habitudes ! Cette belle dame dérangera les balances ; elle ne se contentera pas de deux biscuits à son dessert.

Le dîner fut annoncé. Jamais homme ne se

sentit plus heureux en offrant la main à son épou-
sée pour la conduire triomphalement, accompagné de vingt-deux convives. Chaque fois qu'il
lui serrait la main, il perdait une de ses années,
il rajeunissait à se faire peur à lui-même; mais
le malheureux, étourdi par son bonheur, n'avait
mis ce jour-là que de la joie, de la tendresse, et
du plaisir dans ses balances. On venait de boire
à la santé, à la longévité, à la postérité de l'heureux couple. Les verres vides étaient en l'air, lorsqu'une apoplexie foudroyante, provoquée par
l'extase, vint le frapper. C'en était fait de l'équilibre! L'amour et la mort avaient tout détruit.
La jeune veuve hérita. Au bout d'un an elle mit
ses deux millions et son cœur dans les balances
du trépassé, et pour établir l'équilibre, un beau
jeune homme qui valait bien son pesant d'or, le
jour où elle l'épousa.

La vieille Marion, s'essuyant l'œil du coin de
son tablier, allait répétant de porte en porte dans
tout le quartier :

—J'avais bien dit qu'il dérangerait ses balances!

Hélas! hélas! combien d'hommes dont les
balances trompent l'extrême prévision.

DÉBAT POLITIQUE

ENTRE PLUSIEURS CANUSES.

Août 1850.

CLÉONICE.—Eh! te voilà donc, ma pauvre Célinie! Combien qu'il y a donc des années que je ne t'ai pas z'aperçue? N'y a donc plus d'omnibus par la ville que tu ne puisses pas te fourrer dedans pour venir nous voir? Les amis sont toujours des amis!

CÉLINIE. — Ah! que veux-tu, je suis si patraque depuis mon dernier; ça m'a coupé les jambes!

CLÉONICE. — Ton dernier, le Marius!

CÉLINIE. — Non, le Johani.

CLÉONICE.—Combien que t'en as donc à présent?

CÉLINIE. — La demi-douzaine. Mon aînée,

la Colombette, se fait déjà grande comme une asperge ; ça se donne les airs d'avoir envie de se marier, ce qui est bien fait pour vacciner des inquiétudes aux parents. A peine en ménage, qu'on a sa dégelée de mioches, sans compter les bardanes qui, dans ces chaleurs d'août, vous tourmentent la nuit On se tourne, on se retourne, on est rouge à la façon des écrevisses, surtout en ce moment où tout un chacun a son cœur en ébullition politique.

Cléonice. — Je ne puis pas me ravoir du plaisir de te voir. Viens que je te coque et que je t'emmène manger une brioche avec nous. Mon homme qui t'aime tant, sera-t-il en joie !

Cèlinie. — Oh ! Cléonice, c'est le mien qui en a fait une brioche. Tu sais qu'il était tulliste, chaque petit trou faisait bouillir notre marmite. On rend sa piéce le samedi, on rapporte des écus, on se requinque le dimanche. Eh bien ! mon malheureux Donatien est devenu socialiste. C'est un vrai diable, il ne pense plus aux petits trous, il rêve toutes les nuits à la démocratique, il se trimbale, il va aux journaux, il use des souliers que ça fait trembler, il a des enramifications avec Paris, il fricasse en ports de lettres une bonne livre de beurre chaque semaine. Ce sont de grandes barbes qui viennent lui parler clandestinativement la nuit et qui se frottent à notre lard ; des chuchotages à ne pas en finir, des : — Nous pouvons compter sur toi ? — Oui. — Tu ne feras pas le capon ? — Non, tu m'embêtes. — Il faut que les riches y passent. — C'est entendu. — Et puis on lui emprunte de l'argent, y en a même qui lui emprunteraient sa femme sans se gêner. Eh bien ! lui, Cléonice, qui était autrefois si jaloux, maintenant froid comme une courge, un vrai concombre !

CLÉONICE. — Te rappelles-tu sa tempête du pont Morand quand il crut que tu avais glissé un billet d'amour dans le tablier du receveur, que les yeux lui sortaient de la tête, et l'écume de la bouche ?

CÉLINIE. — Si je m'en rappelle ! Et cette autre fois que rien que de m'avoir vu z'accepter un bouquet de violettes cueilli par un caporal dans les prés de la Tête-d'Or, lui fit prendre une érysipèle qu'il eut la tête rouge comme un chou de Strasbourg. Eh bien ! à l'heure d'aujourd'hui, il a tourné casaque au sentiment de l'amour ; il aimerait mieux embrasser un arbre de liberté couvert d'un bonnet écarlate, que sa femme sortant de bains du Rhône en jolie coiffe de nuit. Que veux-tu, Cléonice, c'est un enragé fini.

CLÉONICE. — Mamie, cette sociale ne durera

264

pas toujours, ça passera. Heureusement que mon homme n'est pas aussi démocratique que le tien. Dès qu'il veut me parler de la sociale, je lui tourne le dos ; mais il prétend que puisque nous sortons tous du même père, c'est naturel que nous soyons frères, que nous buvions à la même tasse, et que si le bon Dieu avait voulu un roi et des sujets, il aurait créé toute la boutique en même temps. Le mieux, c'est de ne plus nous égosiller de politique. Quoique ça sert ? les gros croqueront toujours les petits, les araignées attraperont les mouches; les chats, les souris.

Célinie. — C'est ce je dis à mon mari. Pourquoi donc qu'il y a des brochets qui mangent les tanches ? — Je ne veux pas être tanche, qu'il me répond. — Eh bien, mon crâne, fais-toi brochet, si tu peux. — En attendant, ça ne vient pas, et il dévore jusqu'à son dernier sol. Pour moi, plus il se teint en rouge, plus je deviens blanche. Si bien que je lui ai signifié l'autre jour, que puisqu'il lui plaisait de coucher dans un champ de coquelicots, moi j'entendais passer toute seule mes nuits sur une couche de marguerites, et n'avoir que des lys pour mon oreiller. Ce qui veut dire... tu me comprends enfin, que j'adore, et je te le confie dans le tuyau de l'oreille, comme à ma meilleure amie, que j'adore Henri V, ce fils de France outrageusement exilé, car enfin, ce pauvre chéri, cet innocent petit lapin blanc, qu'avait-il fait en 1830 pour qu'on le chasse; qu'on le mit dans une barcelonnette flottante à Cherbourg avec sa maman et son grand-papa, et qu'on leur dit : « Fichez-nous le camp d'ici ! »

CLÉONICE. — T'as bien toujours le même cœur tendre.

CÉLINIE. — Jamais aussi tendre qu'à présent. Il n'y a que cela qui me fasse rougir, car je déteste le rouge.

CLÉONICE. — Moi z'aussi ; mais j'aime le tricolore.

CÉLINIE. — Oh ! le tricolore, le tricolore ! cette trinité de 89 ; mon confesseur, l'abbé Cordouillet, ne la reconnaît pas, et je pense aussi que Louis-Philippe n'aurait jamais dû mettre cette couleur à son chapeau ; elle lui a porté malheur et à son fils.

CLÉONICE. — Il n'a peut-être par dépendu de Louis-Philippe de garder le petit lapin blanc. C'est un malheur que tu pleures et je respecte tes larmes. Que veux-tu ? chacun en verse de son côté, car moi z'aussi j'ai z'une inclination politique que je dissimule à la Croix-Rousse, où ce qu'on me tuerait, si on la suspiciait.

Célinie.—La Croix-Rousse, la Croix-Rousse! ne prononce plus ce vilain mot. Dès que Henri V sera où il doit être, on ne l'appellera plus que la Croix-Blanche.

Cléonice. — Et si on l'appelait la Croix-Tricolore.

Célinie. — La Croix-Tricolore! Pourquoi donc?

Cléonice. — Parce que je suis pour le Napoléon-Bonaparte.

Célinie. —Tu es pour le Napoléon, pour le concurrent, pour l'ennemi peut-être de mon bien-aimé? Ça me glace le sang.

Cléonice. — Que veux tu que je fasse? ça dépend-il de soi? depuis que j'ai vu le président j'ai t'eu des insomnies brûlantes, où ce que je n'ai pensé qu'à lui. C'est singulier, cependant, comme un homme qui lorgne le trône vous intéresse, car enfin il lorgne le trône, et si tu te sens le cœur retourné à l'avantage du petit lapin blanc, n'est-il pas permis d'avoir le sien en fermentation, en pensant que le Président est le neveu, le propre neveu du Grand-Napoléon, de ce vaillant empereur si horriblement trahi même par des Français, de cet empereur qui portait l'aigle et le drapeau tricolore, un drapeau qui, lorsqu'il se montrait, tombait les hommes comme des capucins de carte ; un drapeau qui faisait que d'admiration ou de frayeur l'on criait partout : Vive la France ! Dire que j'avais un cousin qui a t'eu la croix, que j'aimais et que j'aurais épousé s'il n'était pas mort. Pauvre cousin, en avait-il tué des cosaques !

CÉLINIE. — Comment, Cléonice, t'es t'impérialiste ?

CLÉONICE. — Autant qu'on la peut être; mais pour le moment, je suis présidentiste, et quand je te disais que les nuits de la mi-août sont bien chaudes, c'est que la figure du Louis-Napoléon m'est toujours après et me tourmente ; je le vois t'à cheval, je le vois t'à pied, je le vois t'en calèche, et puis je le vois sur le trône, et je l'entends qui me dit : « Madame Trabuchet, vous êtes une bonne femme, vous avez t'aimé mon oncle, vous m'avez t'aimé, vous m'aimerez toujours. Que-puis-je faire pour votre service ? » Et alors je me trouve bien embarrassée et je lui dis : « Mon empereur, débarrassez-moi de mon mari qui est un propre à rien. » Là-dessus il ne m'a rien répondu.

CÉLINIE. — On voit bien que t'as les passions chaudes comme la canicule. Mais ton Napoléon, c'est pas du sang des Bourbons, les curés disent qu'il n'y a que celui-là de bon, qu'il a promis la fricassée de double et la poule-au-pôt pour le dimanche à chacun.

CLÉONICE. — Je crois vraiment que tu es encore plus affolée de ton Henri V, que je ne le suis de mon Président.

CÉLINIE. — Ah! je ne suis pas la seule. Tu connais la Chatouillet, l'herboriste, eh bien, quoiqu'elle soit encore coquette, elle se laisserait arracher toutes les dents et les porterait à Fourvières, plutôt que de ne pas ravoir son chéri.

CLÉONICE. — Son chéri? elle n'était pas au monde quand il y est venu. Mais le Henri V est un quasi-autrichien qui a-t-été éducationné dans un village où ce qu'il n'a t'entendu que des grenouilles. Que veux-tu donc que nous fassions de ce grenouillard? Ça peut être un bon enfant, mais c'est pas un luron pour nous tirer de peine. S'il nous faut dire le bonsoir à la République, autant donner la bienvenue à Louis-Napoléon Bonaparte... Buonaparte, ça sonne. L'oncle, le Grand-Napoléon, le mari de la Joséphine. Ah cristi! ma mère me disait tous les jours que c'était un homme comme qu'on n'en tournerait pas à la Grenette ; que ses yeux ressemblaient à des coups de pistolets ; qu'ils faisaient trembler tous les aristocrates. Ses sourcils faisaient ficher le camp aux Jacobins, et quand il éternuait, tous les fournisseurs, les contrebandiers et même les banquiers prenaient le tremble. C'est de cette façon que j'aime les hommes. De croire que parce qu'on s'appelle Henri V, que l'on est le fils de son père, on vaille mieux qu'un autre pour porter une couronne, ah bast !

CÉLINIE. — Enfin, ce doit être comme ça. De même qu'il n'y a qu'un bon Dieu au ciel, il ne doit y avoir qu'un roi de la même famille en France. Expliquez cela comme vous l'entendrez. Je sens mes cheveux blanchir d'impatience de le voir arriver, et j'espère, qu'à force de prières, il me débarrassera de mon *rouge*. L'autre jour ma montre a passé au Mont-de-Piété ; y a longtemps que j'y serais moi-même, si seulement on voulait lui prêter une centaine de francs sur ma carcasse. C'est un mari à jeter aux équevilles. L'autre jour n'a-t-il pas surpris une image du comte de Chambord dans ma commode, et cru, ce sauvage, que c'était celle d'un pompier qui lui donne de ressemblance. Et le voilà qui m'allonge un coup de poing entre les épaules. Je n'ai eu que le temps de crier : Mon prince, mon roi, si je meurs, c'est pour vous ; et, ma foi, le souffle m'a manqué.

CLÉONICE. — Oh! que je voudrais bien aussi t'attraper quelques taloches pour l'amour de Louis-Napoléon ; mais mon mari, vois-tu, il n'est pas franc, ça fouine. Tiens, voilà mame Carcaillan. Bonjour ! Mme Carcaillan, êtes-vous pour le Napoléon ou pour le Henri V?

Mme CARCAILLAN. — Je suis pour les d'Orléans. Le père Louis-Philippe avait fait donner un bureau de tabac à ma cousine germaine Bollioud, et la pauvre fille en avait bien besoin. Traînait-elle la savate ! la traînait-elle !

CÉLINIE. — Votre cousine Bollioud était une ricaneuse qui se moquait de nos petits trous et qui n'allait jamais à la messe. La messe, c'est mon erlêment. Quand j'entends sonner la messe, ça me ravigotte le cœur. Autant de grains qu'on jette aux poules en leur disant : petites, petites, petites. La messe et le Henri V, le Henri V et la messe, c'est tout un pour moi.

Mme CARCAILLON. — Je vous dis que je suis pour les d'Orléans, une famille respettable qui n'avait z'accepté la place que par complaisance, et qu'un tas de gueusards ont mis en déroute. Oh ! si je tenais Ledru-Rollin, je lui tremperais une soupe qu'il s'en souviendrait. Et d'ailleurs, si vous tenez pour la légitimité, votre Henri V n'est qu'un usurpateur, car son oncle, le Louis XVII, n'est pas mort. Les gros de Bellecour l'ont caché pendant longtemps dans les carrières de Saint-Fortunat, tellement, que ma vieille laitière lui fournissait son pot de lait tous les matins. Pauvre prince, si patient, si affable, et qui promettait à Toinon que le pauvre monde ne paierait plus d'impositions.

CLÉONICE. — Ah! vouate, ils promettiont tous de même; mais chut, voici mon homme.

TRABUCHET. — Pardine, mesdames, je vous entendais. Et que faites-vous donc de la République, de la vraie? Croyez-vous qu'elle se laissera si facilement ficher à la porte? Pas de ça, mes bonnes amies; elle est venue deux fois sur l'eau, on la tracasse, on la bouscule, on la sigogne, on cherche à lui couper le sifflet, ça peut réussir, mais la troisième fois sera la bonne. Le général Bonaparte n'a-t-il pas dit encore dernière-ment au Grand-Théâtre : que la République était claire comme le soleil (1)? Je vous le répète comme lui. A force de tripoter vos prétendants que chacun veut à sa fantaisie, vous les déconsidérez; ce qui viendra, ne sera rien de ce que vous espérez, rien, rien, rien. La République ça se sent, ça se comprend.

(1) Allusion à la pièce qui se jouait à cette époque, sous le nom de : *la République, l'Empire et les Cent Jours*.

Cléonice. — Et ça se gobe ! Trabuchet, je
ne te dis que **ça** : ta République, c'est une san-
guine, qui mourira d'apoplexie ; elle est venue
par le sang, elle s'en ira de même.

JOURNÉE NÉFASTE

DANS LA VIE DE Mme LORMOT.

APRÈS une, que dis-je, après plusieurs journées agitées et une nuit de septembre assez chaude, Mme Lormot se trouvait, à cinq heures du matin, étendue dans son lit, à demi-réveillée par le bruit des ânes chargés de lait et de légumes qui passaient sous ses fenêtres pour alimenter la ville. Mme Lormot souriait non point au lait, aux légumes, encore moins aux ânes, mais à l'idée de la cérémonie qui se préparait, cérémonie prêtant à rire et à pleurer, celle d'un mariage dans son intimité. Elle souriait à l'idée de la fiancée, qui déjà ne devait plus dormir, à celle du futur époux et du pasteur qui se faisaient la barbe, l'un pour l'embrasser, l'autre pour la bénir ; enfin, à tous les

18

incidents qui allaient remplir pour elle cette journée, et la dédommager des nombreuses marches et contre-marches faites depuis plusieurs semaines pour assister avec tout le relief désirable à pareille solennité. Dans son logis tout était calme encore, mais le soleil perçant de plus en plus les fentes de ses volets et son impatience grandissant de même, un violent coup de sonnette fit lever sa femme de chambre.

— Quel temps fait-il, Julie? fut sa première question.

— Ciel d'azur, mais un peu de vent, madame.

— J'en suis fâchée, car cela dérange la toilette et la coiffure.

— Madame, le vent, un jour de noce, n'est pas mauvaise marque ; il chasse les nuages d'un mariage, tandis que s'il pleut à verse, ou gèle à pierre-fendre, cela annonce larmes, tristesse et froideur.

— Je ne vous croyais pas superstitieuse, Julie?

— Ah ! madame, on ne saurait trop l'être. Une de mes cousines, pour s'être mariée un jour d'éclipse, a vu naître sa première fille avec la moitié du visage tout noir.

— Espérons qu'un pareil malheur ne frappera pas le jeune couple qui va s'unir aujourd'hui.

— Ce serait dommage, madame, car ils sont tous les deux bien charmants. Je regrette néanmoins que le jeune homme soit allemand, ça me ferait peur.

— Quelle idée, ne comptons-nous pas beaucoup d'Allemands dans notre famille ?

— Et qui ne sont pas tous bien faciles à mener, sauf votre respect, madame.

— On ne trouve pas des maris comme si on les faisait tourner à la Grenette. Il faut se contenter de ceux qui se présentent. Mais chut ! on sonne, c'est sans doute ma coiffeuse...

En effet, l'artiste paraît, et s'étant mise à l'œuvre, il fut débattu et convenu entre elle et la tête qu'elle peignait, repeignait, frisottait, que la noce du jour serait des plus brillantes & que Mme Lormot y ferait grande figure. Mme Lormot entrait dans l'état de première ébullition d'une bouilloire qui commence à chanter sur le feu.

— Allons, Julie, dépêchons-nous ; il ne faut pas être en retard. Pommier, le cocher, est retenu pour midi. — Mais ne trouvez-vous pas que mon corsage manque de grâce ? Je l'avais bien dit à cette sotte couturière. Il me semble que je suis indignement fagotée !

— Pas du tout. Madame est à ravir. Elle a l'air d'une impératrice.

— Et mon chapeau, il avance un peu trop.

— Madame avait cependant pris ses précautions, puisqu'elle en a commandé deux afin d'être plus sûre que l'un, au moins, lui siérait bien.

—Ces modistes sont si maladroites ! D'ailleurs on n'est jamais bien sûre de ce que l'on décide. Dans certaines circonstances il faut savoir grandement faire les choses. Et puis il y aura beaucoup de monde à l'église. Chacun vous épilogue. Non, jamais je ne me suis autant réjouie d'une noce que de celle-là !

Infortunée madame Lormot ! Pour y assister vous aviez bravé les chaleurs de la canicule, la poussière des grandes routes, les cahots de l'omnibus, les caprices, les boutades, la maladresse des couturières et des modistes, et pourquoi ? Pour en venir à vous écrier tragiquement :

Pleurez, pleurez, mes yeux, et fondez-vous en eau !
Un malheureux cocher mit ma joie au tombeau !..

Moins fortunée que César, vous serez obligée d'écrire : Je suis partie, j'ai couru, je n'ai rien vu.

Mais n'anticipons point. Pour mieux dépeindre votre désappointement, reportons-nous à cette heure d'angoisse. Midi vient de sonner au Sémi-

naire. La toilette est achevée. Mme Lormot déjà
gantée tient à la main éventail et mouchoir. Son
fils, cravaté de blanc, est à ses côtés. Julie, qui
doit accompagner ses maîtres, attend, élé-
gamment attifée, dans le vestibule.

— Ce Pommier tarde bien. Je lui avais cependant recommandé d'être ici à midi précis ; je le
lui ai répété trois fois ; je crois même avoir écrit
l'heure sur une carte. Mais, voici le quart. Aurait-
il oublié ? Julie, courez aux Terreaux : s'il n'y
est pas, revenez vite avec une autre voiture.

Julie part comme une hirondelle. Pour trom-
per son impatience Mme Lormot se met à battre
la générale contre les vitres de ses croisées.

Les secondes, les minutes se succèdent. Midi
et demi !!

De son mouchoir froissant l'éclatante blancheur
Madame, *crescendo*, tombe en méchante humeur.
— Me serais-je deux mois consumé le cerveau
Pour perdre ainsi l'effet de mon joli chapeau ?
Quoi, jusqu'à convoquer un conseil de famille
Pour savoir, s'il serait à jour ou bien sans grille,
Si je prendrais robe, tourterelle ou lilas,
En velours suprême ou bien en beau lampas !
Quand je pense aux tourments des longues insomnies
Ne pouvant accorder toutes mes fantaisies ;
Quand je pense, qu'hier, pour avoir le teint frais,
De Saint-Didier, le soir, je revins tout exprès...

Mais on sonne, c'est Julie.

— Eh bien, amenez-vous une voiture ?

— Madame, les camarades de Pommier m'ont assuré qu'il s'était mis en route pour venir ici ; j'ai pris en toute hâte les raccourcis, mais rien ne stationne devant la porte.

Ah! le maudit cocher. Ah ! c'est un cas pendable.
Jamais je n'oublierai ce trait abominable !

— Julie, ma bonne Julie, retournez comme une flèche aux Terreaux et ramenez-nous le premier cocher que vous rencontrerez.

De rechef, voici Julie en course, et Mme Lormot s'affaisse sur un canapé respirant des sels.

Enfin un roulement de voiture se fait entendre La mère et le fils sont descendus de leur appartement.

Suisses ou Berrichons, Limousins ou Normands,
Poussez-les, cher cocher, sans nouveaux arguments ;
Ventre-à-terre arrivez jusqu'au perron du Change !
Il nous faut prestement rejoindre la phalange
De nombreux invités, réunis en ce jour
Pour célébrer l'hymen et contempler l'amour
De deux jeunes brebis, que le Seigneur enchaîne.
Allez, fouettez, frappez, courez à perdre haleine !

Mme Lormot, dans une impatience parvenue à son plus ardent paroxysme, poussait fiévreusement de ses genoux la banquette qui lui faisait face. Sans regarder autour d'elle, son point de mire était l'église du Change, la chaire en noyer, les deux fauteuils, les parents qui riaient, qui pleuraient, qui s'embrassaient.

Hélas, les fauteuils, la chaire, l'église, tout était vide. Au débouché du pont de Nemours, une file de voitures croisant la sienne et gagnant au large du côté de l'Archevêché lui apprit que la bénédiction nuptiale s'était donnée sans elle. Serrant convulsivement la main de son fils, elle se dressa d'effroi, puis retombant anéantie sur son coussin, elle n'eut plus que la force de dire avec désespoir au cocher :

— Suivez, suivez !..

Le cortège, se dirigeant du côté de la presqu'île de Perrache vers une célèbre brasserie, faisait monter au ciel un nuage de joyeuse poussière, et les passants de s'extasier sur cette brillante noce et de se demander qui était cette belle grosse dame, fermant la marche dans la dernière voiture.

Mais la dame, insensible à cette admiration,
N'éprouvait que dépit, colère et déception ;
Se présenter ainsi dans sa belle tenue
Aux Koch ! à tous les Schulz... quelle déconvenue !

Combien de quolibets ! comment les rétorquer,
Que dire à ces amis, quelle excuse invoquer ?
C'en était trop vraiment pour sa tendre cervelle.
Entrée dans le salon, elle pâlit, chancelle ;
Autour d'elle on s'empresse, on offre des cordiaux,
On lui fait respirer des parfums orientaux.
Mais pour le déjeuner, pas le moindre appétit.
Hélas ! le plus sage fut de gagner son lit.
Tristement à son fils : Je voulais, lui dit-elle,
Pour Uriage bientôt partir avec Estelle.
Je n'en ai plus le cœur, qu'aller faire à ces eaux ?
—Parbleu, chère maman, montrer vos deux chapeaux !

LES BÉNÉFICES

D'UN VIOLONEUX AMBULANT.

24 septembre 1851.

DEPUIS longtemps, je roulais dans ma tête le projet de me déguiser en pauvre artiste mendiant, et de savoir ce que les quatre cordes d'un violon pouvaient en un jour accumuler de sols dans une poche. M'étant posé un emplâtre sur l'œil gauche, noué un vieux foulard noir autour de la tête, revêtu d'un habit rapé de même nuance, tranchant sur un gilet bariolé écossais et sur des pantalons de velours olive passé, chaussé de souliers déformés que ni pinceau, ni brosse n'avaient touchés depuis trois ans, je sortis de sa caisse le moins bon de mes instruments et pour procéder plus librement loin d'une ville où je pouvais être trop facilement reconnu, je m'embarquai pour Màcon sur un des bateaux à vapeur remontant la Saône. L'aurore colorait la fumée qui s'échappait de la cheminée ; les voyageurs arrivaient en se frottant les yeux ; la fraîcheur du matin fit que le plus grand nombre descendit dans les salons ; seuls quelques jeunes gens, le cigare allumé, quelques jeunes femmes enveloppées dans leur mante, restèrent sur le pont. Le dernier coup de cloche tinta, les roues se mirent à tourner; nous démarrâmes. Bon voyage, bon somme aux Lyonnais encore endormis. Sainte Cécile ! protégez mon entreprise ! C'était fort pittoresque .

— N'étiez-vous pas hier au bal de la Rotonde, me dit un égrillard de vingt ans ?

— Non, monsieur, je ne joue jamais à la Rotonde.

— Au Colysée ?

— Non monsieur, je ne joue jamais au Colysée.

— Alors aux Célestins ?

— Pas davantage.

— Ah ça, mon brave homme, vous ne jouez donc jamais nulle part.

— Je ne joue que fort accidentellement, rarement, lorsque la faim fait sortir le loup du bois !

— Diable, diable, ce que vous me dites là m'est pénible.

Et il me glissa cinq sols dans la main. Puis je l'entendis murmurer à deux de ses camarades en regardant de mon côté :

— Ce pauvre misérable a l'air d'avoir l'estomac bien creux ; c'est un vieil artiste en mal d'argent. Faisons-lui donner quelque chose à manger.

— Merci, ma jeune France, va pour les cinq sols et le déjeuner. Puis par réminiscence je me mis à chanter d'une voix tremblotante :

> Je connais la bonne jeunesse,
> Elle a quelques moments d'erreur.

Un patron me fixa et dit à l'autre :

— Dis donc, Gliaude, n'avons-nous pas vu cette figure-là quèque part ?

— Pardine ! c'est lui qui jouait la polka à la vogue de Givors où ce que je fis tant sauter la Marguerite. Allons vieux ! arrime donc avec ta polka.

Cette sommation me mettait trop en scène pour me laisser prier. Je saisis la balle au bond, et tirant mon instrument de son enveloppe de toile cirée : la, la, la, la, lalla, la, la, la, se fit entendre sous mon archet, tandis que les mariniers sifflaient la mélodie de leur côté ; puis un rigodon, puis je fus régalé d'une tranche de jambon et de quelques feuilles de salade. Mes quatre cordes avaient déjà réussi à me nouer l'appétit. A la hauteur de Neuville-sur-Saône, vint le moment de confirmer ma vocation. Le cœur me battit avant de prendre l'archet. Ridicules sont les préjugés ; étais-je stupide ! ne faisant du mal à personne. « Allons courage ! Quand bien même tu écorcherais les oreilles de ces *tritons* de voyageurs, le crime ne serait pas grand. Persévère dans ton entreprise. » Je pique un *staccato* et file une cadence et des sons à faire dresser la tête à tous les goujons, à toutes les carpes de la rivière. Je crois même en voir sauter une de plaisir. Puis, en rapport avec le calme du matin, je débute par le chant mélancolique de *Joseph en Egypte*, de Méhul :

> A peine au sortir de l'enfance...

On fit d'abord peu attention à moi. Toutefois je remarquai deux grosses larmes coulant sur les joues amaigries d'une jeune et jolie femme qui berçait un enfant sur ses genoux. Quel malheur, j'avais blessé une âme, un cœur ! Deux autres larmes coulèrent encore et je sentis deux sols tomber dans mon gousset. — Trève à la sensibilité. Alors j'entame gaillardement :

> Qu'on est heureux d'être soldat,
> Qu'on est heureux d'être soldat !

Les larmes redoublent. C'était jouer de malheur ; mais, d'un autre côté, je vois redoubler les bouffées des pipes de quelques militaires. Sans hésitation, je varie, en chromatisant l'air du *Petit Matelot* et de la *Pipe de tabac*. Ce fut un admirable à-propos qui obtint sa récompense ; puis m'approchant d'une demi-douzaine d'antiques propriétaires, couverts de chapeaux gris, par une savante modulation je passe à :

> J'ai du bon tabac dans ma tabatière,
> J'ai du bon tabac, tu n'en auras pas.

Je les voyais branler la tête et remuer les doigts. L'enthousiasme fut à son comble lorsqu'ils entendirent ensuite :

> Dans la nuit, tous les chats sont gris.

L'un deux, s'approchant, me glissa vingt sols dans la main.

— Donnez-moi votre adresse, ajouta-t-il, je compte faire danser l'hiver prochain.

J'aurais été assez embarrassé, sans ma présence
d'esprit qui me suggéra pour réponse que j'allais
me fixer à Paris.

Mais voilà quelques farouches barbes, des
moustaches révolutionnaires de toutes les couleurs, trahissant la Romagne et la Pologne, qui
me demandent impérativement la *Marseillaise*.

— Je l'ai oubliée.

— Alors joue la *Carmagnole*.

Pour réponse je les régale du *Réveil du Peuple :*

> Peuple français, peuple de frères,
> Peux-tu voir sans frémir d'horreur, etc., etc.

—Sabot d'aristo, vieux réac.! grommelaient-
ils, me lançant des regards irrités.

Voyant que je ne devais rien espérer de leur
rancune sociale, et leur ayant tourné le dos, je me
trouvai face à face avec quelques jeunes gens,
la royale au menton, la cravate à l'avenant,
époussetant leur pantalon d'une canne légère et
transparente, et m'envoyant de leurs lèvres ver-
meilles des exhalaisons de panatelas et de rhum.
A leur conversation, à leur allure, je les reconnais
pour des habitués de la Bourse et leur détache
en doubles notes :

> Oui ! l'or est une chimère...

N'étant vraisemblablement pas de cet avis, ils me firent une vilaine grimace, sur quoi ne me déconcertant pas, je continue *prestissimo :*

> L'argent, l'or et la richesse
> Ne valent pas la sagesse,
> La sagesse est un trésor, *bis.*

L'un d'eux auquel sans doute

> Le Cinq, un jour dans sa déconfiture,
> Avait fait dans le flanc une large blessure,

m'apostropha :

— Mon vieux, vous avez là un fameux sapin. Serait-ce un Stradivarius ?

Piqué de son ton goguenard, je riposte :

— Non, c'est un Amati qu'un boursier en débine m'a vendu au rabais.

Puis je tournai les talons, n'attendant rien de ces escarcelles. Le colloque faillit même se compliquer, lorsque des éleveurs venant de Villefranche détournèrent l'attention. Je les accueille par la *Sabottière :* Tran, tran, tran de lan, tran, tran, tran, tran, tran, tran laire. Ils rirent niaisement, je n'en tirai pas une obole ; — Apollon, pensai-je, n'est pas propriétaire de prés d'embouche dans le Charolais. Maladroit! j'aurais dû faire ronfler le *Ranz des Vaches* sur ma quatrième corde.

L'embarcadère à Trévoux augmenta les passagers d'une noce bressane. La fiancée était pâle, ses yeux coupés en amande, bien ternes ; sa jupe en drap bleu, à gros plis abrégeait sa taille ; sur ses cheveux roux chanvrés, le coquet chapeau filigrané noir, avec de longs rubans qui pendaient par derrière. Le fiancé, de la famille des mal-troussés, avait le museau pointu d'un brochet.

Ma bienvenue fut :

> Il faut des époux assortis
> Dans les liens du mariage.

Puis :

Gué, gué, marions-nous, mettons-nous à la misère.

Loin de m'en savoir mauvais gré, ce couple qui n'était pas malin, doué sans doute de philosophie aquatique, tira vingt sols d'une filoche. Il était suivi de charmantes villageoises, fraîches et pimpantes que j'accueillis par :

> Jeunes beautés, cueillez des fleurs!

Mon salaire fut un sourire. Alors m'enhardissant :

> Si tu veux, charmante brune,
> Ce soir, au clair de la lune, etc.

Mais, chut! les matoises m'accordèrent un léger contingent, lequel joint à ce que j'avais déjà récolté, me constitua un fonds de caisse garant que je ne coucherais pas sur la paille, et pour moi-même je jouai :

> Je suis aimé, je suis vainqueur,
> Oui, je triomphe de ces cœurs.

A Thoissey, plusieurs notables se rendant au Comice agricole de Pont-de-Vaux montèrent sur notre esquif. J'hésitais sur le choix de la chanson à leur adresser. Un air de circonstance vint à mon aide et je raclai à tous crins :

> Où peut-on être mieux qu'au sein de sa famille!

Les champêtres apôtres de l'agriculture se montrèrent sensibles à ma mélodie. Je mis le comble à leur bonne humeur en jouant supplémentairement :

> Quand les bœufs vont deux à deux,
> Le labourage en va bien mieux.
> Qu'en dites-vous, ma commère?
> Qu'en pensez-vous, mon compère?
> Que les produits de la terre
> Ma foi ne dureraient guère,
> S'ils ne disaient pas entr'eux :
> Et zic et zog, et fric et froc!
> Et zig et zog, et fric et froc!
> Quand les bœufs vont deux à deux,
> Le labourage en va bien mieux.

— Parbleu, je le crois bien, dit le plus important, je le crois bien ; vivent les procédés naturels. Ce n'est pas comme le gaz et la vapeur qui empestent nos pommes de terre et nos raisins ! Mais l'on y mettra bon ordre.

A Belleville, trois rubiconds marchands de vins se présentèrent, la tasse d'argent pendue à leur boutonnière, maugréant contre les liquides du midi qui nuisaient à la vente des leurs. Aussitôt, moi, d'entonner :

> Vénus nous défend de boire,
> Bacchus nous defend d'aimer.
> Lequel des deux faut-il croire?...

— Et morbleu, le dernier, vieille bête ! Peut-on aimer sans boire ?

— Vous avez raison :

> Vive le vin ! vive l'amour !

Comme toujours, l'abordage fut orageux à Mâcon. Pendant que l'on se bousculait, je m'amusai à répéter le chœur insurrectionnel de la *Muette* :

> Aux armes ! aux armes !

Allusion aux malles, aux malles ! Mais l'on ne me donna plus rien que des coups de coude et de parapluie qui faillirent compromettre la solidité de mon Amati.

Débarqué, j'entrai hardiment dans le premier café où ma présence fit sensation ; on me toisa, on me disséqua de l'œil. Afin de ne pas être pris pour un mouchard, je débutai solennellement par :

Amis, la matinée est belle,
Sur le rivage assemblons-nous.

— Bravo, cria une grosse voix de rogomme, bravo !

Ils vont me prendre pour un agent provocateur, pensai-je, gare à moi, changons de batterie, je continue :

La République nous appelle,
Sachons vaincre et sachons mourir.

Mais il faisait horriblement sombre dans ce café, le gaz avait déjà peur des notables de Thoissey, vite je scandai :

Des lampions ! des lampions ! des lampions !

— En voilà *un bon*, dit la voix de rogomme.

Tous les habitués me sourirent. De tous côtés des sols tombèrent sur moi, ce fut une grêle de cuivre. Je cherchais à m'esquiver lorsqu'un grand escogriffe, sur le seuil de la porte me passa cinq francs dans la main, me soufflant à l'oreille ; — Joue :

Vive Henri IV, vive ce roi vaillant.

Sinon, gare !

— Mais vous voyez qu'ils m'assommeront.

— N'importe, on doit savoir mourir pour son roi.

J'hésitais, lorsque surgit un agent de police qui me dit :

— De la prudence, musicien !

Je me retirai en jouant à la sourdine :

Veillons au salut de l'Empire.

Décidément j'avais tout ce qu'il fallait pour bien souper à l'hôtel du Sauvage. Lorsque j'entrai, la table était servie, et quel beau coup d'œil ! Abondance de biens ne nuisant pas, je continuai mon rôle de musicien. Je me surpassai en exécutant d'étourdissantes variations sur le thème :

Qu'on est heureux de trouver en voyage
Un bon souper et surtout un bon lit !

Enthousiasmé de mon propre talent, je fus, toute modestie à part, tenté de me payer moi-même, de tirer de ma poche droite pour remplir ma poche gauche. Je le fus bien davantage des applaudissements des voyageurs et notamment des exclamations d'un Anglais. Vite, me plaçant derrière la chaise de ce dernier, je lui cadençai sentimentalement :

God save the Queen !

— Aoh! Il se retourne et me donne un napoléon.

Autant d'accroché sur l'ennemi.

— Avez-vous connu Ardisson? me lance un Marseillais. Té, un fameux râcleur de Marseille, qui faisait grincer toutes les vitres de notre cercle harmonique. Vous me détachez des notes aussi bien que lui. Vos triples croches, autant le Mistral!

— Si je l'ai connu, je crois bien !

— Eh bien! il est mort.

— J'en suis fâché.

— Parbleu, il y en a bien d'autres qui sont morts ; mais je préfère que ce soit eux que moi. Si seulement Henri V pouvait revenir, je vous donnerais bien une pièce d'or.

— Je la prendrais sans façon.

— Je le crois bien, car avec tout ce qui se passe, viendra l'heure où une sardine vaudra un lingot.

Harassé de ma journée, je me retirai dans une petite chambre, non sans avoir auparavant lesté mon estomac. J'enlève mon emplâtre, je compte ma recette ; elle se montait à **32** fr. **75** c. C'était plus que la paye d'un de nos représentants législateurs ; mais aussi, avais-je travaillé bien plus consciencieusement qu'eux. L'harmonie était de mon côté, la discordance du leur.

Le lendemain je rentrai dans mon domicile, jouant :

La victoire est à nous !

Et me disant : Avec un violon, je ne mourrai pas de faim.

FRAGMENTS DE CORRESPONDANCE.

A MON FILS THIERRY.

Le 23 mars 1817.

Au moment de ton départ, une des époques les plus importantes de ta vie, puisque tu quittes pour la première fois ceux qui prirent soin de ta jeunesse, je crois devoir en bon père te donner quelques conseils. Puissent-ils rester gravés profondément dans ton cœur, et ne point produire seulement sur toi une impression passagère! En les relisant quelquefois, tu les considèreras comme un gage de ma tendresse; en les respectant et en t'y conformant, tu travailleras dès à présent à ton bonheur à venir, fondé sur l'estime de toi-même et sur celle des hommes avec lesquels tu te trouveras en rapport. Cette dernière, il est vrai, s'acquiert quelquefois par de fausses apparences. Elle tient alors à un fil ; un rien peut la détruire ; elle ne saurait être durable, si elle n'est pas sanctionnée par notre conscience.

Bien que tu doives être confié à la surveillance de mon plus vieil ami, tu es cependant arrivé à un âge qui te livrera peu à peu à toi-même, sans grande expérience. Je ne saurais donc assez te recommander de combattre ce penchant à la suffisance, auquel tant de jeunes gens sont enclins, et ce sot orgueil, qui les dispose trop souvent à ne consulter que leur présomption, au lieu de recourir franchement aux avis, aux directions des personnes qui s'intéressent sérieusement à eux. J'insiste beaucoup là-dessus, parce que cette erreur, malheureusement très commune, devient une source de maux et de sottises de tout genre.

Comme rien n'influe autant sur notre âme et nos facultés intellectuelles, que les forces physiques, je te recommande instamment de prendre soin de ta santé, et de la considérer comme un ressort précieux, sans lequel ton existence perdrait son meilleur charme, lors même qu'un jour tu serais doué de tous les biens et honneurs imaginables. La santé tient à la tempérance, et la tempérance doit s'appliquer à tout . . . . . .

. . . .

Ce qu'il y a de plus difficile dans la vie, c'est de savoir se vaincre soi-même. Nous devons donc employer contre nos passions tous les moyens propres à seconder nos bonnes intentions : la tempérance, le travail, l'exercice, l'horreur de la mauvaise société, de cette société où l'on ne connaît plus de frein, sont les meilleurs préservatifs. Fuis les jeunes débauchés et leurs réunions. Si quelques tempéraments privilégiés résistent à ces orgies et font les fanfarons, beaucoup d'autres, disparus à la fleur de l'âge, pourraient témoigner contre leurs séductions.

Dieu veuille, mon cher fils, réaliser les espérances que nous fondons sur toi, et les bénédictions que nous te donnons, ta mère et moi. Pense souvent à nous, à ta sœur et à tous les parents qui te portent une sincère affection.

LETTRE-FOLIE

A Mlle Cécile de SCHIRNDING (1).

Lausanne, août 1835.

Chère Cécile,

Le voyez-vous ce long col de canard sentimental, s'allongeant de votre côté avec un air passionnément altéré de sa cousine? Tel étais-je hier, me précipitant

(1) Cette plaisanterie est basée sur l'antipathie que professait Mlle de Schirnding contre un habit couleur col de canard que portait M. Brölemann, son cousin. Mlle de Schirnding, plus tard baronne de Brenles, était la petite-fille de la comtesse de Béthuzy-Huc, née de Villas, tante de Mme Brölemann.

dans le salon de ma tante, en poussant un : *couan, couan, couan* qui a été frapper jusqu'aux rochers de Meillerie, d'où une voix mystérieuse, celle de Saint-Preux sans doute, m'a renvoyé cette phrase plaintive : « Elle n'y est pas, canard, la gentille Héloïse ! Volage autant qu'indifférente à ton beau plumage, l'inconstante est allée folâtrer avec les canards de Bex ; aussi leste qu'un papillon, elle voltige sur la cime des châtaigners du chalet de Chièltres. Rien pour toi, vieux canard ! »

La voix désobligeante s'est tue, et je me suis jeté en cannetant, rouge de colère, dans un fauteuil. Et pourtant pour vous plaire, hier au matin, beau jour de saint Dominique, hier, tout couvert de la poussière du pèlerin, j'avais si bien léché mes pattes, lustré mon habit, arrangé l'expression de mes yeux, je me croyais si sûr de mon triomphe ! Douces illusions, vous vous êtes évanouies ! Me voici barbotant aujourd'hui au bord de ce grand lac dont les eaux limpides ne sauraient plaire à mes goûts, me voilà chantant :

> J'ai perdu mon Eurydice,
> Rien n'égale mon malheur.

D'un canard qui, par instinct, craint la broche, vous ne pourriez cependant exiger, en conscience, une descente aux enfers pour vous en tirer. Mais vous n'êtes point aux enfers, cruelle ; si vous brûlez à Chieltres (1), ce n'est évidemment ni pour Pluton, ni pour votre fidèle canard ! Allez, ingrate, effleurez le gazon, souriez au chant des merles, dédaignez les accents roman-

(1) Chalet dans la montagne.

tiques, les *couans, couans, couans* à fendre le cœur de votre cousin le canard; mais, au retour, comptez bien sur les coups répétés de son vieux bec; il trouvera des charmes et fera consister sa vengeance à l'aiguiser sur votre cœur de rocher.

Quand et comment reviendrez-vous? Sera-ce sur les ailes du vent, à la nage, à cheval, en char, ou dans une hotte, sur le dos de quelque hercule vigneron? Si j'étais plus qu'un vieux canard, si j'étais cygne, je vous offrirais mes services à quelque titre que ce fût, car, malgré ma rancune, vous servir me paraîtrait doux.

Revenez, revenez bientôt pour entendre harmonieusement tousser votre cousine. Vous nous trouverez installés au Grand-Chêne. Vous n'entrerez jamais dans le domicile que nous nous sommes choisi, sans que l'on vous crie : « Dieu vous bénisse, » et que vous répondiez : « Grand merci. » La cause en est à un délicieux marchand de tabac occupant le rez-de-chaussée de notre maison. Excellent préservatif contre le choléra, que votre col-de-canard craint autant qu'un autre. Et si le débordement de quelque rivière vous arrêtait en route, — car enfin le ciel finira bien par pleurer sur la détresse de nos jardins et prendre pitié des pommes de terre, — chantez, en vous embarquant, sans aucune crainte :

> Mon canard l'a bien passée, tire lire lire,
> Mon canard l'a bien passée, etc.

Adieu, belle inhumaine, soyez ou devenez ondine, si vous voulez faire bon ménage avec moi. Ne me laissez pas devenir tout à fait le canard de la triste figure

et perdre toutes mes plumes. Bientôt il ne me restera
plus que celle avec laquelle je vous écris. Revenez,
nous badinerons dans les roseaux, et dans de brillantes
coquilles nacrées, votre cousin empressé vous offrira
le thé au Kirschwasser.

A Mlle Lise BRAUN, A LAUSANNE.

29 février 1836

Ainsi donc en Vaud, comme chez nous, la tarentule a passé… C'est à qui jettera son âme et sa vie aux plaisirs ; qui épousera le délire du carnaval. Vous, vous ! ma sage, ma prudente amie, vous me gourmandez, vous me criez jusqu'au coin de mon feu : «Mange, danse, secoue-toi, fais le fou !» Pour tout ce qui tient à cette dernière injonction, par égard pour vos recommandations, je me sens très disposé à vous obéir. Quant à danser, je n'ai plus la désinvolture requise ; je réduirais tous les parquets en poudre et je ne voudrais pas ajouter aux risques des propriétaires de maisons. Dans tous les quartiers, on les a ébranlées de façon à leur ôter 10 %, de leur valeur. Le choc a été moins violent samedi chez Mme de C…. Elle donnait un raoût enfantin ; toute la jeune génération de notre monde protestant s'y trouvait réunie. Ils se sont bien trémoussés, ces pauvres rejetons, livrés aux violons pour la justification de leurs parents. Oui, pour leur justification, car remarquez qu'en général, lorsque les parents font les fous, l'acquit de leur conscience les dispose à l'indulgence pour leurs enfants. Ces parents avaient outre-

dansé ; donc il fallait que les petits dansassent aussi.
Ce bal, du reste, était fort joli. Seulement je voudrais
voir passer un niveau sur ces petites têtes, et exclure
de la pépinière ces jeunes peupliers d'Italie de 16 à
18 ans, qui se dressent d'une tige élancée, déjà riche
d'attraits séducteurs, et ombrent l'innocence de
l'image de la chute de nos premiers parents. Ainsi donc
Mlle Alix F...., avec ses beaux sourcils arqués, et les
deux demoiselles Cha..., de haute et élégante stature,
suavement vêtues de rose, contrastaient trop avec les
petits anges qui les entouraient, et semblaient secouer
au milieu de la séraphique sarabande, les fleurs de l'arbre de la sience.

Hélène ne pesait pas une once ; la petite Constance
s'épanouissait resplendissante de santé ; on eût voulu
la couronner de pampres et de lierre. Edmond, rond
comme une boule, tournait parfois comme un toton
endormi, ou comme une toupie qui ronfle. Gustave et
Adélaïde se mouvaient lentement, richement doués de la
pâleur rosée germanique, couronnée d'une chevelure
blond d'argent. Arthur avait l'œil velouté d'un apprenti
entreprenant de sentimentales déclarations, et son ami
Léonce, leste, éveillé, bien fait, clignant et reclignant,
ressemblait à un écureuil prêt à monter partout. Je me
rends coupable, en ne vous citant pas d'autres types ;
pourtant quelques mots d'Adèle, fort agréable, fine
d'expression, et représentant le juste milieu de cette
printanière assemblée. Je n'ai pas besoin, je pense, de
vous entretenir de ce que faisaient et de ce que pensaient les mères et grand'mères, du contingent qu'elles
avaient fourni à ce bal de marmots : à coup sûr le phénix était sorti de leurs flancs. Heureuse illusion !

baume propre à guérir toutes les blessures, mais aussi à en préparer de vives et profondes.

Je me suis borné à des éloges. Si j'avais à me livrer à la critique, je trouverais bien quelques petites, peut-être quelques amères imperfections, en un mot, des prises de rhubarbe personnifiées à vous signaler; mais ma courtoisie me le défend. D'ailleurs la nature est féconde en dédommagements; elle a permis à ses diables, soit au spirituel, soit au moral, soit dans des taches de rousseur, soit dans des ongles heureusement profilés, soit dans l'expression de la démarche et des gestes, et jusque dans la compassion même pour la disgrâce, de créer tant d'embûches, quand vient un certain âge, qu'il serait impossible et me paraîtrait téméraire de dire : cette petite fille sera une laide et désagréable personne. Vous ne me reprocherez pas, chère amie, mon manque de libéralité envers toutes ces plantes grandissantes.

A MON PETIT-FILS ARTHUR,

LORS DE SON DÉPART POUR LEIPZIG.

Lyon, 4 avril 1843.

Au moment de nous séparer, mon cher Arthur, je veux encore te confirmer avec effusion toutes mes bonnes instructions et te recommander à la protection de Dieu. C'est à placer ta confiance en Lui, et à être d'accord avec ta conscience, que tu dois t'appliquer. L'idée de Dieu doit toujours être ton aliment spirituel quotidien. Elle est trop importante à ton bonheur, trop précieuse et trop consolante, si tu es appelé à subir des épreuves, pour ne pas la nourrir sainement en toi.

En professant une entière confiance en Dieu, nous apprenons à supporter tous les malheurs qui peuvent nous accabler dans la vie. C'est aussi par cette confiance seule, que nous parvenons à résoudre d'une manière satisfaisante les parts inégales faites aux hommes et les apparentes injustices dont ils souffrent sur cette terre. Je suis et demeure convaincu que, sans noyer ton imagination dans une multitude de dogmes inexplicables et qui ne me paraissent pas avoir jusqu'à ce jour contribué à la paix de l'humanité, la croyance bien simple, bien vraie et bien démontrée en la toute-puissance de Dieu, la certitude que chaque action porte et portera ses fruits, doivent suffire pour nous disposer à ce qui est bien et nous détourner de ce qui est mal. Par mal, j'entends ce qui, physiquement et moralement, est nuisible aux autres et à nous-mêmes. Tout ce qui n'apporte aucune perturbation dans nos fonctions animales et ne nous met pas spirituellement mal à l'aise, quand nous nous plaçons fictivement en présence de Dieu, au contraire est bien. Notre conscience en un mot est une boussole infaillible ; elle ne nous trompe jamais, si nous savons respecter sa première impulsion.

Loin de tes parents les plus chers, qui seront toujours, crois-le, tes meilleurs amis, tu auras, mon cher enfant, des heures de tristesse et d'abattement. C'est alors, et j'en ai fait maintes fois l'expérience, que la confiance en Dieu pourra te soutenir, te réconforter. C'est dans cette sainte et bienheureuse disposition que tu dois t'efforcer de vivre, et de poursuivre la carrière d'*homme* qui va réellement commencer pour toi.

Livré à toi-même, tu le seras probablement aussi, ou tu pourras l'être, à de mauvais conseils. Tu dois te tenir en garde contre eux, par respect pour Dieu, pour tes parents et pour toi-même. Une faute commise dans un moment d'égarement peut avoir, et a presque toujours, les conséquences les plus funestes, des conséquences qui décolorent souvent toute notre existence, paralysent notre activité et nous plongent dans ce dégoût que l'on remarque malheureusement aujourd'hui chez un grand nombre d'hommes et de jeunes gens. La conservation de la santé et de la pureté morale cache un trésor d'un prix inestimable. Ce sont là les deux sources qu'il faut respecter et ménager avec une attention extrême, en dépit des moqueurs, des beaux diseurs, des anges déchus du siècle. En débilitant son tempérament, on y sape les meilleurs éléments de prospérité et de bonheur. En souillant son âme, on la rend incapable de grandes et belles choses ; à quelques exceptions près, cette règle est générale. Dieu a voulu que nous fussions bons ménagers de notre corps et de notre esprit.

Tu trouveras dans la famille Mayer-Frége, et particulièrement dans le cœur de mon vieil ami, un puissant appui. La différence d'âge ne doit point t'empêcher, dans quelque position que tu puisses te trouver, de t'ouvrir à lui, ou à son fils aîné, dont l'extérieur grave et froid cache un excellent cœur. Cherche à te concilier leur amitié ; recherche l'estime de tous. Evite d'émettre des opinions qui puissent heurter de front la susceptibilité nationale des personnes avec lesquelles tu vas te trouver en rapport. Les Allemands, en général, détestent les forfanteries ; ils sont au contraire très sensibles à la justice et à l'appréciation de ce que leur pays offre de bon.

Je termine, mon cher petit-fils, mes exhortations, en priant Dieu qu'il nous accorde la grâce de nous revoir en bonne santé et qu'aucun évènement sinistre ne trouble notre famille pendant ton absence.

LA VIEILLESSE INCOMPRISE.

A Mlle Lise BRAUN, A LAUSANNE.

23 octobre 1844.

A la lourde charge des infirmités corporelles, à la décadence de nos forces, de notre entrain vital et par conséquent de notre gaîté viennent se joindre, avec l'âge, des souffrances de cœur, plus fâcheuses encore. La plus vexante est celle de ne pas être compris des gens plus jeunes qui nous entourent. Convient-il à leur affection, ou à d'autres calculs, de nous voir bouger, de nous faire marcher, peu leur importe les soupirs que nous poussons et la source d'où ils partent. Jouissant d'une sève plus active et de cette élasticité de membres que les années nous enlèvent, ils ne peuvent apprécier les conditions de l'existence des vieillards et toutes les difficultés qui s'y rattachent. Naguère ils ont vu ces vieillards faire preuve d'énergie physique : pourquoi ne pas continuer toujours de même? On dirait qu'ils nous en veulent de leur apprendre à vieillir. A les entendre, on s'écoute, on se ménage trop, on ne sait plus veiller, on n'est plus bon à rien. C'est comme si le monde vous disait, qu'il lui tarde d'être débarrassé d'une personne qui lui devient inutile. De la sorte, on apprend à concevoir, comment certaines peuplades assommaient les gens âgés, pour s'affranchir des bouches absorbantes qui ne leur profitaient plus. Parmi ces esprits exigeants, et peut-être trop fiers d'une constitution robuste, je me plaîs à citer une mienne amie, ma cadette de cinq ans, qui m'ayant vu courir après les papillons, franchir les fossés et les haies, se fâche, et me cite devant son tribunal pour être grondé et puni du refus de me jeter brusquement la nuit, au mépris d'un indomptable catarrhe, dans la diligence de Genève, afin de jouir à Lausanne de sa gracieuse et toujours aimable hospitalité. Elle va plus loin; insouciante de mon abstinence forcée et de mes regrets, quelqu'excellente chrétienne qu'elle doive être, elle me boude, elle se venge, elle me châtie par un silence de plusieurs semaines et me cause, par légitime colère de son injustice, un effroyable redoublement de toux. Je suis là, sa lettre en main ; je suffoque, je voudrais dresser procès-verbal de ma vive indignation, et aller l'afficher à sa porte de chêne; bien mieux, sur son cœur de rocher.

Oui, ma chère et bouillonnante Lise, un étranglement me tient à la gorge, ma poitrine respire mal; l'aconit, l'ignatia, la pulsatille n'y peuvent rien ; mes articulations se refusent à la polka, mes doigts aux cadences perlées. Gibbon, qui décrivit si bien la décadence de l'empire romain, pourrait, s'il vivait encore, vous faire le récit de la mienne. Je ne suis plus cet Auguste, ce blondin qui pleurait si ingénuement à vos côtés, qui portait l'âne Brunner avec grâce et fermeté, qui voltigeait sur des échasses, qui dansait l'allemande avec ses sœurs en trio frisé et poudré, qui sautait comme un chamois par dessus les crevasses des glaciers de Chamounix. Je suis un vieux tousseur, un méchant grogneur fulminant réformateur, de tous points un maussade compagnon.

Après cette sincère confession, si vos foudres me menacent encore, si vous ne venez pas vous asseoir, en bonne sœur de charité, au coin de mon feu, pour me plaindre et mieux comprendre mon envahissante vieillesse, je fais, pour me venger, peindre deux grands tableaux et les envoie à la prochaine exposition.

L'un, ciel nuageux, me représentera en hiver, affublé de fourrures, la chaufferette en main; dans le fond, ma femme de chambre bassinant le lit, et ma cuisinière préparant une infussion de violettes; de côté, mon docteur délayant quelques globules dans un verre d'eau. Dans l'autre, sous un firmament azuré, vous figurerez vêtue de blanc, un croissant d'or sur la tête, en Diane chasseresse, traversant le « Grand-Pont » suivie de nymphes prises dans ce que Lausanne aura produit de plus agité; sur le second plan, Marianne astiquant votre arc et vos flèches, et Jean sonnant de la trompe auprès du cerf abattu.

Convenez, ma très chère et très vindicative amie, que vous inclinez toujours par tempérament aux mauvaises chicanes. Ne savez-vous pas cependant combien je vous suis attaché ? Comment avez-vous pu penser qu'il y avait mauvaise volonté de ma part à ne pas répondre à votre appel, quand du fond du bois de Sauvebelin, votre douce voix me criait de partir. Voici que je me surprends à écrire comme si je vous voyais déjà en Diane, ce dont je serais très enchanté, pourvu que vous ne m'infligiez pas le sort d'Actéon. Mais non,

ma vengeance n'aura point à se réaliser; vous arrive-
rez à comprendre la vieillesse effective du lion malade, et à lui pardonner des torts qui n'étaient que
dans votre esprit. Veuillez, une fois pour toutes, ne
pas oublier que, comparativement à moi, vous avez
la jeunesse en partage. Que Dieu vous la conserve encore longtemps pour votre bonheur et celui de vos
amis !

ERRATA

Page 23, ligne 12, lisez : *réprimandes*, au lieu de *ré-primande*.
— 48, — 13, — *Lautier*, au lieu de *Lantier*.
— 64, — 25, — *Lautier*, au lieu de *Lantier*.
— 69, — 27, — *wieder hier*, au lieu de *hier wieder*.
— 76, — 26, — *Schnitt*, au lieu de *Schmitt*.
— 91, — 27, — *cricket*, au lieu de *critket*.
— 95, — 2, — *Lautier*, au lieu de *Lantier*.
— 101, — 15, — *d'autant plus mauvais*, au lieu *d'autant mauvais*.
— 108, — 16, — il n'en *régnait* pas moins, au lieu de *restait*.
— 152, — 6, — *Wrbna*, au lieu de *Wrubna*.
— 163, — 17, — *synonymes*, au lieu de *synomymes*.
— 270, — 16, — *ravigote*, au lieu de *ravigotte*.

20.

TABLE

—

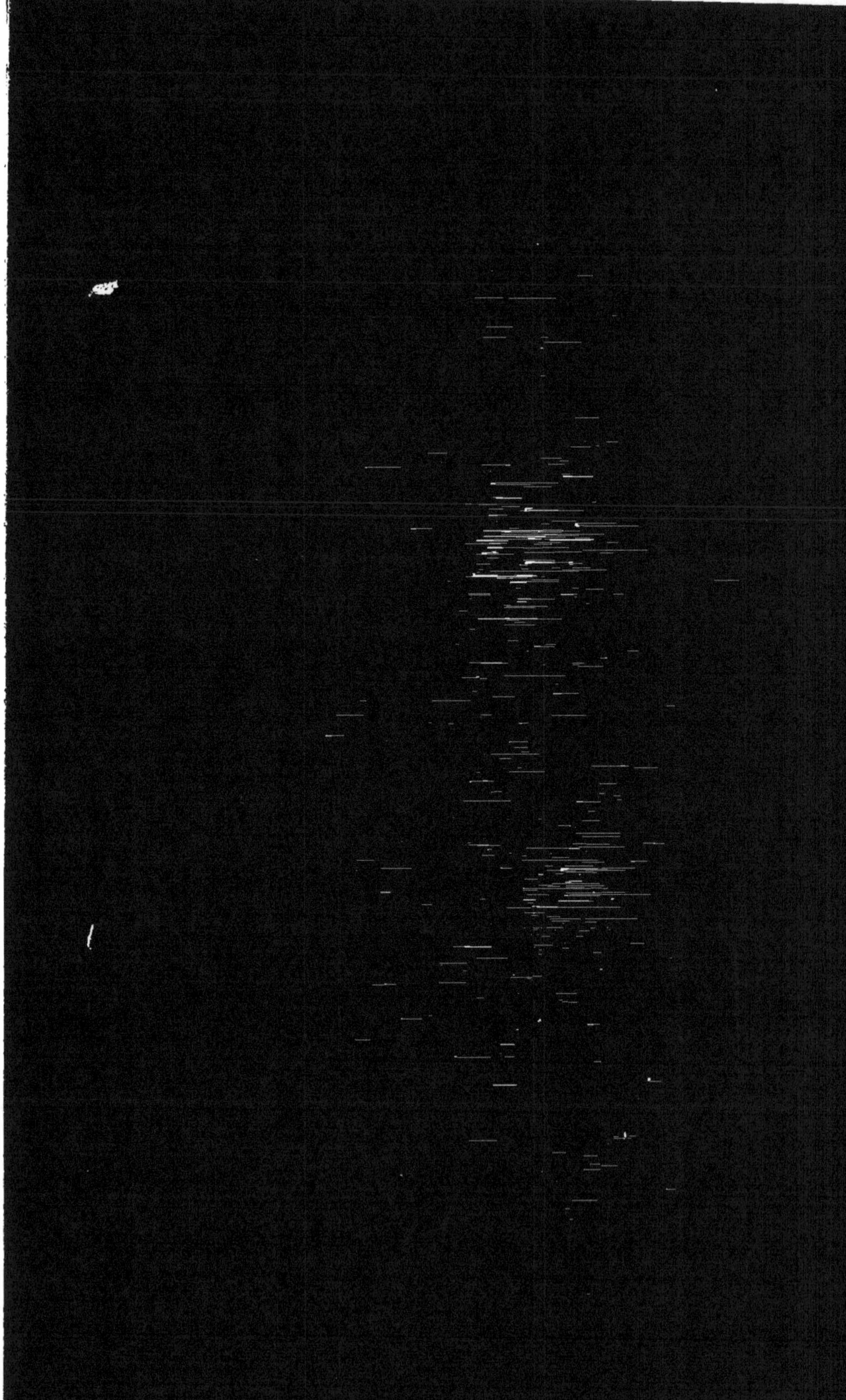

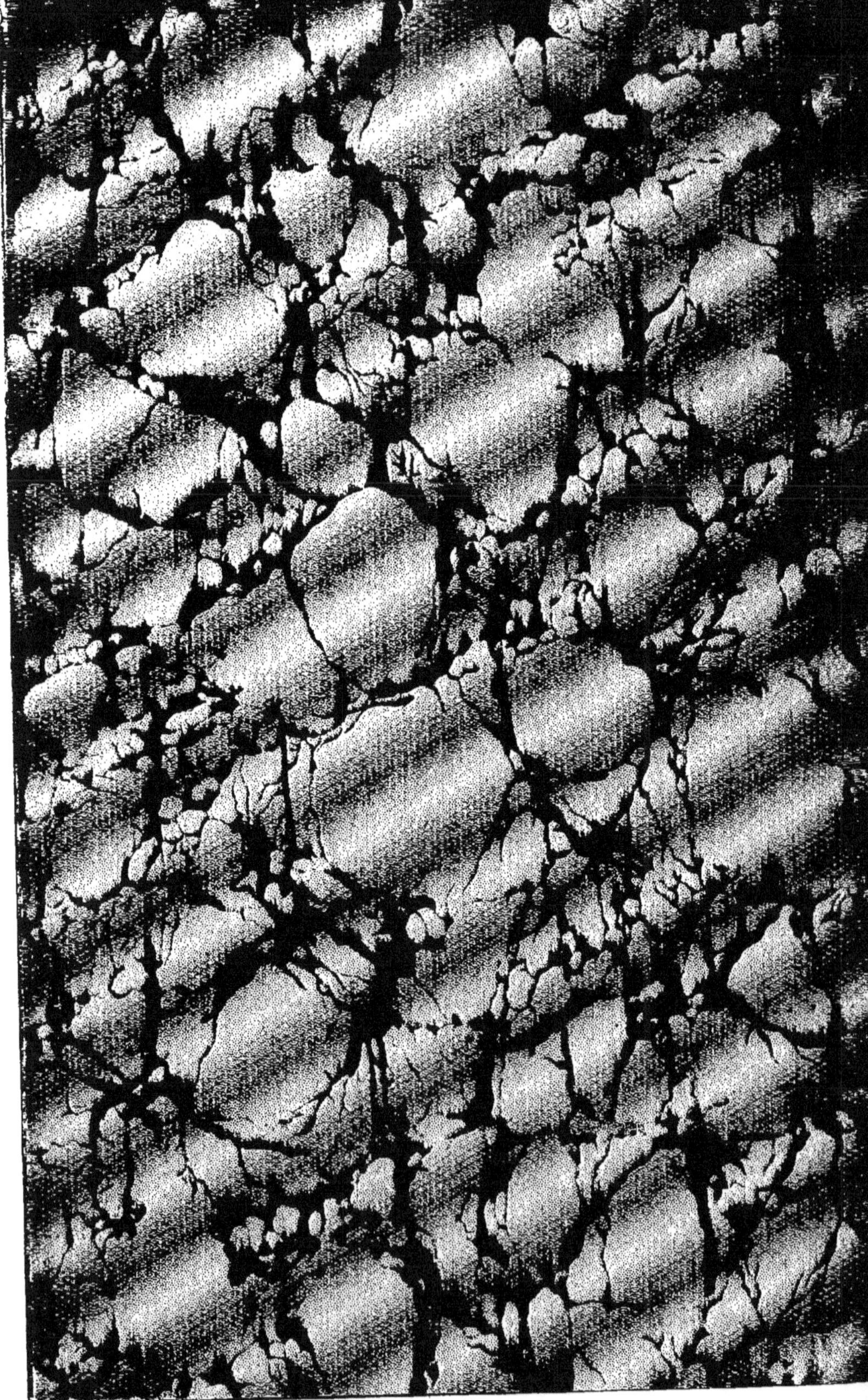

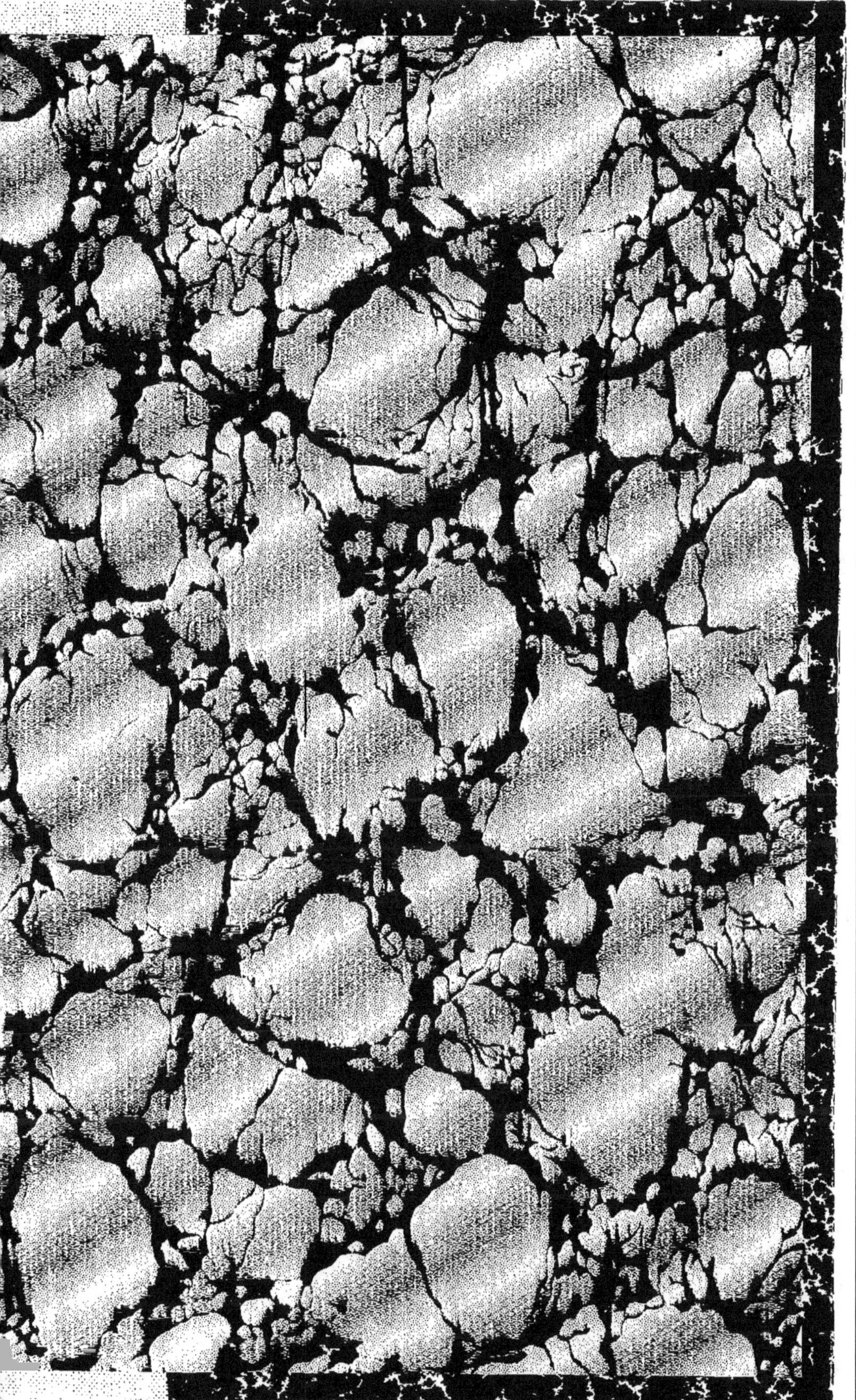